헝가리어
어휘와 조어법

이 책은 2016년 한국외국어대학교 연구지원에 의해 출판되었습니다.

헝가리어 어휘와 조어법

HUNGARIAN

박수영 지음

HU:iNE

머리말

1. 언어는 변한다

언어를 구성하는 소리(음성)도 변하고 이를 부려서 쓰는 문법도 변한다. 그러나 가장 많이 변하는 것은 어휘이다. 여기서 변한다는 것은 있던 것의 변화를 뜻하는 것뿐만 아니라 새로 생겨나고 소멸되는 모든 현상을 포함한다. 언어의 변화에서 가장 많이 지속적으로 변하는 것이 어휘이다. 이는 두말할 필요도 없이 인간의 삶과 밀접한 환경의 변화, 문화, 과학, 정치, 경제 모든 영역을 아우르는 환경이 끊임없이 변하고 있기 때문일 것이다.

2. 언어의 변화는 경제 원리에 따른다

언어마다 소위 발음규칙으로 설명하는 음성 현상들이 있다. 입안에서 소리를 만들어 내는 혀의 움직임을 최소화하면서 정확히 전달하도록 하려는 노력으로 헝가리어의 경우 모음조화 현상이나 자음동화 현상 등이 있다. 문법에 있어서의 변화도 불필요한 요소, 불규칙한 현상들을 최소화하고 단순한 체계와 규칙을 이루는 방향으로 진행된다. 다시 말하면 언어도 어떻게 하면 최소의 힘을 들여 최대한의 효과를 낼 수 있는 가하는 소위 '경제 원리'에 충실한 방향으로 변화를 해 왔다.

어휘란 끊임없이 변화하는 환경에 예민하게 반응하는 영역이다. 새로운 환경에 필요한 개념을 표현하는 단어를 만들어내야 하는 한편, 더 이상 필요하지 않은 단어들은 폐기된다. 따라서 어휘에 있어서 규칙과 체계를 찾거나 만들려는 노력은 불가능하거니와 적합하지 않다. 언어적 자의성이 기본적으로 전제되어 있기 때문이다. 이러한 자의적 특징에도 불구하고 새로운 단어를 만들어서 사용하는 데에는 경제원리가 작동한다. 가능한 한 새로운 요소를 줄이고, 기존의 요소들을 활용하고자 하는 '재활용'의 정신이다. 이미 있는 단어를 일부 변형하거나, 단어들을 조합하여 새로운 개념의 단어를 만드는 것이 그것이다. 이는 모든 언어에서 나타나는 보편적인 단어 만드는 방법인 것이고 이를 언어학에서 조어법, 또는 단어형성법이라고 한다.

3. 헝가리어 조어법의 현란함과 생성력에 대하여

기존의 단어를 활용하여 새로운 단어를 만드는 방법에서 기본적으로 중요한 전제는 기존의 어휘가 풍부하고 이를 변형시킬 수 있는 요소들이 많아야 한다. 빈약한 어휘와 빈약한 파생접사를 가지고는 활용할 수 있는 방법이 많지 않다. 또한 빈약한 어휘를 결합하여 새 단어를 만드는 방식도 극히 제한적이다. 빈약한 어휘를 늘리는 방식은 파생접사에 의해 변형된 새 단어가 또 하나의 어기가 되어 파생접사에 의해 변형되는 연속적으로 새 단어를 만드는 것이다. 이를 위해서는 변형의 재료인 파생접사가 풍부해야 한다. 헝가리어 조어법의 현란함은 파생접사의 수와 종류가 많고(120여 개), 기존 단어와의 결합 방식도 다양하고 자유분방하다는 데 있다. 인간 삶의 가장 원초적인 개념인 '존재하다'를 뜻하는 헝가리 동사 van 에서 파생과 합성된 단어들을 예로 들어본다:

동사 van'존재하다, 있다'

형용사적 분사형 való'존재하는, 있는'

형용사	való'사실의, 진짜인'	a való történet'사실, 진짜 이야기'
명사	való'현실'	álom és való'꿈과 현실'
부사	valóban'실로, 참으로'	valójában'원래, 사실은'
파생어	valódi'진짜의'	nem valódi'가짜의, 모조의',
		valódi törtszám'진분수'
	valódiság'진리, 참, 신빙성'	
	valóság'사실, 현실'	a nyers valóság'적나라한 사실',
		valósággal'확실히'
	valóságos'실제의'	valóságos csoda'실제 기적'
	valótlan'사실이 아닌'	valótlan hír'헛소문'
	valótlanság'사실무근'	
합성어:	valószerű'사실에 입각한'	
	valószerűség'진실같음, 있을법함'	
	valószerűtlen'비현실적인, 사실에 맞지 않는'	
	valószínű'개연성 있는, 있을법한'	
	valószínűség'개연성'	
	valószínűleg'아마도 분명히'	
	valószínűtlen'거의 불가능한'	

4. '헝가리어 어휘와 조어법'을 펴내며

헝가리어를 공부하면서 동쪽의 유목민족, 기마민족의 언어가 유럽의 한복판에서 1500년의 세월을 버텨내며 헝가리 민족의 정체성과 자존심의 근원이 되고 있는 이유가 풍부한 어휘에 있다고 생각한다. 그러나 이상하게도 일반 언어학 또는 언어학사를 다룬 책들에서 헝가리어에 대한 언급은 매우 드물다. 예를 들어 21세기 초에 나온 세계사를 언어의 관점에서 기술한 책인 Empires of the word '단어의 제국'에서 헝가리어는 단 한번 각주에서 언급될 뿐 세계의 언어에서 그 존재는 아주 미미하다 . 왜 그럴까? 헝가리 민족은 유럽인들에게는 유라시아 대륙의 동쪽에서 이동해 온 유목민족들 중 하나로 알려져 있으나 유럽화한 민족으로 인식되기 때문일지 모른다. 유럽어들에 둘러싸여 섬처럼 고립된 헝가리어가 유럽인들에게 주목 받지 못하는 이유는 그들의 언어와 매우 다르고 그다지 중요하지 않은 작은 언어라는 사실일 것이고, 유럽의 언어학자들에게는 유럽어적 요소와 비-유럽어적 요소가 뒤섞여 있는 절충주의적 언어라는 사실일 것이다. 헝가리 민족은 인종적, 혈통적으로는 유럽 민족들에 섞여 살아오며 헝가리어도 유럽화의 과정을 겪어왔다. 헝가리어의 문법은 라틴문법의 틀에 맞게 변화해왔으며, 어휘도 여러 유럽어들과의 접촉을 통해 많은 차용어가 섞여있다. 그러나 헝가리어는 유럽어의 영향 속에서도 고유의 특성을 간직한 채 발전한 언어로서 헝가리 민족의 정체성을 규정하는 유일한 근거이자 핵심요소를 이룬다. 특히 어휘의 풍부함과 선명함은 비-유럽어의 특성에서 비롯된 헝가리어의 힘으로서 유럽의 한가운데서 오늘날까지 존재하고 있는 이유이기도 하다.

이 책의 목적은 헝가리어에 반영되어 있는 이러한 역사적 자취를 살펴봄과 동시에 외국어 학습에서 문법에 비해 상대적으로 덜 어려워 보이는 어휘가 헝가리어에서는 체계적으로 공부할 가치가 있음을 강조하기 위한 것이다.

헝가리어 문법서들에서 조어론은 형태론의 일부로 간략하게 다뤄지고 있다. 이는 문법범주를 나타내는 접사나 파생접사가 동일하게 형태론적 규칙에 따라 작동하고 있기 때문이고 이러한 접사들의 구분은 배열순서에 의해서나 구분되기 때문이다. 모국어 화자들에게 어휘는 그 체계를 분석하고 이해해야 하는 대상이 아니고 끝없는 학습과 사용을 통해 습득하는 분야이기 때문에 대부분의 헝가리 문법에서는 조어 요소들의 의미와 결합 방식을 간략하게 설명하는 정도로만 다뤄지고 있다. 외국어로서 헝가리어를 배우는 입장에서는 조어 방법을 이해하는 것에서 나아가 실제 만들어진 단어들의 유형과 의미 그리고 연속파생 가능성 등을 확인하고 사용할 수 있도록 학습하는 것이 중요하다.

헝가리어는 단어의 구조가 교착어적 특성을 갖고 있기 때문에 어근을 비롯하여 여러 형태소가 연결되어 있어 대체로 길다. 이 단어를 형태소로 분석하여 어휘적 의미를 갖고 있는 단위와 문법정보를 알려주는 접사들로 구분하는 것이 문장의 의미를 파악하는 첫 번째 단계이다. 문법접사는 그 수가 일정하고 규칙적으로 작동하기 때문에 쉽게 이해할 수 있는 반면 어휘를 이루는 어근과 파생접사들은 문법접사에 비해 그 수가 많고, 파생어나 합성어의 의미와 기능이 규칙적이거나 일관되지 않다. 따라서 각각의 단어가 어떻게 형성되고 그 의미는 어떻게 다른가 하는 것을 체계적으로 공부할 필요가 있다. 헝가리어 조어법을 공부하는 이유는 단어를 형성하는 원리와 규칙을 이해함으로써 사전을 최소한으로 사용하면서 헝가리어 텍스트를 이해하기 위한 것이다.

이 책은 한국외국어대학교 헝가리어과의 교과목 '헝가리어 어휘 및 조어론'의 강의록을 정리하여 펴낸 것이다. 헝가리어 발달의 역사를 어휘와 어휘체계를 통해 살펴보고, 이러한 어휘의 형성을 조어론적 관점에서 기술하고자 한 시도이다. 이 책에 예로 제시한 헝가리 단어의 대부분은 사전과 참고문헌에서 가져온 것들이지만, 각각의 단어들에 한국어 뜻을 제시하였고, 내용 기술에 있어서 추가적 설명과 변형이 포함되어 있어서 일일이 그 출처를 밝히지 못하였음을 밝혀둔다.

초고 원고의 헝가리어 부분을 한국외국어대학교의 커리즈 크리스티나 교수가 검토해 주었고, 최종 출판 원고를 부다페스트 경영대학교의 한국어 담당 교수이신 오슈바트 가보르 선생님께서 교정과 감수를 해주셨다. 이 자리를 빌어 감사의 인사를 전한다. 또한 특수한 언어에 관한 책을 출판하는데 따르는 재정적 어려움에도 불구하고 적극적으로 출판을 가능하게 해 주신 한국외국어대학교 지식출판원 관계자 여러분께 심심한 감사를 드린다. 끝으로 언제나 곁에서 인내로써 격려를 아끼지 않는 가족에게도 고마운 마음을 전한다.

2016년 8월 헝가리 페치에서 저자 씀

헝가리어 어휘와 조어법

HUNGARIAN

차례

머리말 _5

제1부 서론(bevezetés) 19

1. 어휘와 어휘체계 21

2. 헝가리어의 기원과 어휘 구성 22

3. 언어의 자의성과 조어법 24

제2부 헝가리어의 어휘체계(A magyar nyelv szókészlete) 27

1. 원시어휘(Az ősi örökség) 29

2. 차용어(kölcsönszavak) 32

2.1. 이란어 차용어 33

2.2. 터키어 차용어 33

2.3. 슬라브어 차용어 34

2.4. 독일어 차용어 36

2.5. 라틴어 차용어 37
2.6. 이탈리아어 차용어 38
2.7. 프랑스어 차용어 39
2.8. 루마니아어 차용어 39
2.9. 국제적 유랑어휘 40

3. 헝가리어 고유어휘(belső keletkezésű szavak) 42
3.1. 헝가리어 의성어와 의태어 45
3.1.1. 감탄사(indulatszavak)에서 만들어진 의성어 46
3.1.2. 소리에서 만들어진 단어: 의성어(hangutánzó szavak) 47
3.1.2.1. 의성동사 47
3.1.2.2. 의성명사 48
3.1.3. 의태어(hangfestő szavak) 50
3.1.3.1. 의태어의 음성적, 형태적 특징 51
3.1.3.2. 의태어의 의미 52
3.2. 근대 헝가리어 언어개혁(nyelvújítás) 시대의 고유어휘 54

제3부 헝가리어 조어법(szóalkotás) 61

1. 조어법(szóalkotás)이란 무엇인가? 63

2. 단어와 조어법 64

3. 파생법(szóképzés) 66
3.1. 어기(alapszó) 69
3.2. 파생접사(képzők) 72
3.2.1. 파생접사의 분류 72
3.2.2. 파생접사의 의미 73
3.2.3. 파생접사의 형태 77

3.2.4. 연속파생(képzők halmozása) 79
3.2.5. 파생접사의 생산성(produktivitás)과 빈도(gyakoriság) 81
3.2.6. 파생접사의 형성과 소멸 84
3.2.6.1. 파생접사의 형성 84
3.2.6.2. 파생접사의 소멸 89

4. 헝가리어의 파생접사 89
4.1. 동사 파생접사 90
4.1.1. 동사에서 동사 파생접사(deverbális verbumképzők): V → V 90
4.1.1.1. 반복동작 파생접사 91
4.1.1.2. 순간동작 파생접사 101
4.1.1.3. 사동사 파생접사 106
4.1.1.4. 피동의 파생접사 111
4.1.1.5. 중간동사(mediális igék) 파생접사 111
4.1.1.6. 가능동사 파생접사 116
4.1.2. 명사에서 동사 파생접사(denominális verbumképzők): N → V 118
4.1.2.1. 동작동사 파생접사 118
4.1.2.2. 사동사 파생접사 124
4.1.2.3. 중간동사 파생접사 126
4.1.2.4. 외래어 동사 파생접사 129
4.2. 명사 파생접사 129
4.2.1. 동사에서 명사 파생접사(deverbális nomenképzők) 130
4.2.1.1. 동작, 사건의 추상개념 파생접사 130
4.2.1.2. 동작, 사건의 결과개념 파생접사 135
4.2.1.3. 동작의 주체, 장소개념 파생접사 142
4.2.2.1. 축소와 애칭의 명사 파생접사 145
4.2.2.2. 형용사(mellénév)에서 명사 파생접사 148
4.2.2.3. 실명사(főnév)에서 명사 파생접사 149

4.2.3. 형용사 파생접사 153
4.2.3.1. 동사에서 형용사 파생접사: V → Adj 154
4.2.3.2. 품사전성(konverzió) 형용사 157
4.2.3.3. 명사에서 형용사 파생접사: N → Adj 160
4.2.3.4. 부정과 부재(tagadó, fosztó)의 형용사 파생접사 165
4.2.3.5. 형용사에서 형용사 파생접사 170
4.2.3.6. 부사에서 형용사 파생: Adv → Adj 171
4.2.3.7. 복합 형용사 파생접사 172
4.2.3.8. 합성어의 뒷성분과 유사한 형용사 파생접사 173
4.2.4. 수사 파생접사 175
5. 합성법(szóösszetételek) 176
5.1. 합성법의 개념과 일반적 특징 176
5.1.1. 합성어의 구조 176
5.1.2. 다중 합성어의 구조 178
5.1.3. 합성어의 품사 179
5.1.4. 합성어의 의미 180
5.1.5. 합성어의 강세 181
5.1.6. 합성법과 파생법의 경계 181
5.2. 합성법의 종류 183
5.2.1. 문장 내적 합성법 183
5.2.2. 문장 외적 합성법 186
5.3. 합성어의 세부분석 187
5.3.1. 합성동사 187
5.3.2. 합성명사 189
5.3.3. 합성형용사 195
5.3.4. 합성부사 198

5.3.5. 병렬 합성어 200
5.3.5.1. 반복 합성어 202
5.3.5.2. 쌍둥이 합성어 203
5.3.5.3. 유사 쌍둥이 합성어 205
5.3.6. 합성어 표기의 문제 206
6. 그 밖의 조어법 207
6.1. 단어분해법(szóelvonás) 또는 역파생법(back-formation) 208
6.2. 단어분화법(szóhasadás) 210
6.3. 단어절단법(szócsonkítás) 213
6.4. 단어축약(szórövidülés) 214
6.5. 문법접사 결합법 215
6.6. 모자이크어(mozaikszók) 216
6.7. 단어혼합(szóvegyülés) 217
6.8. 민간어원(népetimológia, Folk Etymology) 217
7. 현대 헝가리어 신조어의 양상 218
7.1. 파생법(szóképzés) 218
7.2. 합성법(szóösszetétel) 221
참고문헌 _ 227
헝가리어 파생접사 찾아보기 _ 233

제 1 부

서 론
(bevezetés)

제1부 서론(bevezetés)

1. 어휘와 어휘체계

어휘는 헝가리어로 szókincs라고 하는데 szó'단어'와 kincs'보물'이 합성된 말이고, 독일어 Wortschatz'어휘'(wort'단어'+ schatz'보물')를 번역하여 차용한 말이다. 이처럼 어휘는 한 언어의 주옥 같은 단어의 총체로 그 언어를 사용하는 공동체의 오랜 역사 속에서 형성된 보물과 같은 존재인 것이다. 헝가리 언어학에서는 좀 더 중립적 용어로 어휘체계를 szókészlet라 하는데 szó'단어'와 készlet'세트'가 합성된 단어로서 '단어의 총체'를 뜻한다. 어휘는 가장 빨리 변하는 역동적인 범주일 뿐만 아니라 양적으로도 방대하기 때문에 이에 대한 연구는 단어의 생성 시기와 경로를 기준으로 역사적 관점에서 단어의 유래와 어원(etimológia), 단어들 간의 의미 관계와 의미적 특징을 중심으로 다루게 된다.

헝가리어에서 어휘는 헝가리 민족의 이동경로와 역사를 반영하고 있는 한편, 헝가리어의 발전 과정을 뚜렷이 보여주는 요소이다. 오랜 민족 이동의 역사와 유럽 땅에 정착 후 주변의 유럽 어들과 끊임없는 접촉 속에 살아왔음에도 헝가리어 어휘의 90%는 언어내적 발생에 의한 고유어휘이다. 우리는 헝가리 고유어휘의 발달에 근원이 되는 원시어휘, 차용어휘 그리고 의성어, 의태어의 발달과 근대 언어개혁 시대의 어휘확대방법을 고찰하고, 헝가리어의 풍부한 어휘 체계에 대한 조어론적 분석을 하기로 한다.

2. 헝가리어의 기원과 어휘 구성

헝가리 민족은 언어에 의해서 그 기원과 역사가 규정되는 매우 특이한 민족이다. 스스로를 머저르(magyar)라 일컫는 이 민족은 유라시아 대륙의 우랄산맥 서쪽 기슭에서 발원하여 수천 년간 이동을 하면서 여러 민족과 혈통적으로 문화적으로 뒤섞여 살아왔다. 이 때문에 헝가리 어만이 헝가리 민족을 규정하는 요소가 되었다. 즉 헝가리 민족의 기원과 역사는 언어학적 가설과 밀접하게 연관되어 있는 것이다. 헝가리 민족의 조상은 우랄산맥의 서쪽에서 살던 핀-우그르 원시 언어공동체의 일원으로 살고 있다가 서북쪽으로 이동한 핀어계열의 언어와 분리되었다. 머저르 민족은 서남쪽으로 이동하여 중앙아시아, 터키 등 시베리아 남부 지역의 민족들과 어울려 살다가 유럽의 중앙으로 이동한 민족으로서 카르파치아 산맥의 현 지역에 정착하여 유럽화의 길을 걸어온 유목민이다.

이러한 민족의 역사를 반영하듯이 헝가리어의 어휘는 원시 핀-우그르 공동체에서 유래하여 우그르어와 헝가리어로 분화 과정을 거치면서 남아있게 된 단어들과 수천 년 간의 민족 이동 과정에서 접촉한 다른 민족의 언어에서 들어온 어휘들, 정착 이후 유럽 민족들과의 접촉에서 들어온 어휘 그리고 헝가리 민족의 유럽화와 근대화 과정에서 만들어낸 고유어휘들로 구성되어 있다.

1) 우랄어-핀우그르어-우그르어에서 유래된 헝가리 원시어휘
2) 타민족과의 접촉에서 차용된 외래어휘
3) 친족어와 분리된 이후 독자적인 발전 과정을 거치면서 언어 내적으로 형성된 헝가리 고유어휘
4) 근대 언어개혁 시대에 인위적이고 의식적으로 만든 신조어(neologizmus)

그러나 위의 어휘집단은 이론적으로 구분 가능할뿐, 실제적으로는 상호 관련성과 교차 정도가 다르다. 예를 들어 원시헝가리어 시대의 원시어휘와 고유어휘는 수천 년의 시간적 간격이 있기 때문에 특정 범주의 어휘에서는 구별하기 어려우며, 또한 차용어의 경우에도 헝가리 고유어휘와의 상호 관련성과 중복으로 인하여 명백하게 구분하기 어려운 점이 있다. 이는 고대에 차용된 대부분의 어휘는 헝가리어가 다른 언어들과 분리되기 이전, 즉 공존하던 시기에 들어왔으며, 또한 독자적인 헝가리 어휘의 조어방식이 원시어휘와 차용어들에서 영향을 받았기 때문이다(박수영, 2002:243). 따라서 헝가리 언어의 내적 특성과 여러 발전과정의 관계들로 인해 단어의 유형들은 명확히 구분하기가 쉽지 않으며, 여러 가지가 뒤섞여있다. 문어와 표준어의 어휘들은 지방 어휘들과 완전히 구별되지 않는 경우가 많다. 즉 지방어인가, 표준어인가, 특수 전문어인가를 구별하기가 어려운 것도 이 때문이다. 어휘들의 언어 내적 위치는 영구적인 것이 아니고, 시간적, 역사적으로 변하고 있으며, 판단의 불확실성이 이러한 언어사적 변화와 과도적 상태를 반영하고 있는 것이다.

구분	근원 알 수 없음	원시어휘	외래어휘	내적어휘
고대 헝가리어	10%	30%	10%	50%
중세 헝가리어	10%	15%	10%	65%
근대 헝가리어	5%	8%	7%	80%

(Bárczi Géza, 1967: 356)

위의 자료에 나타난 어휘의 절대 수가 시대에 따라 증가하고 어원적으로 분명하게 밝힐 수 없는 어휘의 수가 수백 년 전보다 늘어났음에도 불구하고 상대적 비율이 감소한 것은 내적형성 어휘가 폭발적으로 늘어났기 때문이다.[1)]

1) 내적 형성 어휘: 형태론적 조어법의 세 가지 유형: 파생, 어미소 결합(고정, 고착), 합성: (파생: álom(alszik); 어미소 고정: kívül(ki); 합성: ezüst'흰, 철') Bárczi Géza, 1975³: 317

3. 언어의 자의성과 조어법

언어가 뜻을 나타내는 단어들을 일정한 규칙에 따라 배열하여 사용하는 의사소통 수단이라고 정의할 때 뜻을 나타내는 단어들은 어휘인 것이고, 일정한 규칙은 문법일 것이다. 여기서 단어는 의미와 형식이 결합된 기호이다. 그런데 이 의미와 형식의 결합은 기본적으로 자의적이어서 하나의 의미에 대한 형식이 언어마다 다를 수 있다. 즉 단어를 만들 때는 언어적 자의성이 십분 발휘될 수 있다.

그러나 단어는 자의적으로만 만들어지는 것이 아니다. 사람들의 기억력에는 한계가 있다. 또한 최소의 노력으로 최대의 효과를 내려는 경제 원칙에 의해 이미 존재하는 단어를 약간의 변형시키거나(파생), 이미 있는 단어들을 조합하여 새로운 단어를 만드는 방법(합성) 등이 모든 언어에 공통적으로 존재하고 있다. 이러한 조어법은 역사적으로 오랜 원시어휘에도 존재하며, 다른 언어에서 들어온 차용어를 통해서도 전파되었을 것이다. 어휘의 풍부함은 이러한 조어법을 고유어휘에 적용하여 어떻게 발전시켰는가에 달려있다.

헝가리어는 언어의 자의성과 조어법을 십분 활용하여 풍부한 어휘체계를 갖춘 언어이다. 어휘의 선명함(투명성, transparency)과 무궁무진 만들어낼 수 있는 생명력(조어론에서는 이를 생산성이라 한다, productivity)은 한국어와 비교할 때 여간 놀랍고 부러운 것이 아니다. 예로써 한국어에서 단어를 파생시키는 파생접사는 명사, 형용사, 동사파생을 통틀어 20가지를 넘지 않는다.[2] 이에 반해 헝가리어의 파생접사는 120여개에 달한다(이 책의 제 3부에서 상세히 다루게 될 것이다). 헝가리어는 파생접사가 다양할 뿐만 아니라 이들 파생접사가 조합되어 만들어지는 연속파생도 가능하다. 파생접사에 의해 만들어진 파생어가 다시 어기로 작용하여 다른 파생접사와 결합함으로써 또 다른 파생어가 형성되는 조어체계를 이루고 있다.

여기서 조어법 형성의 어떠한 규칙이나 원리를 발견한다는 것은 합성의 가능

---

2) 송철의(1992), 국어의 파생어 형성 연구

성, 개연성을 찾는 것에 다름 아니다.[3] 어떤 단어들이라도 자의적으로 결합이 가능하다는 전제 하에 언어공동체에서 쉽게 납득할 수 있고 받아들여질 수 있는 방법으로 새로운 어휘를 만드는 것이 무엇인가를 찾는 작업일 것이다.

3) Kiefer Ferenc(2006: 57)는 단어 형성이 형태론적 규칙에 따라 만들어졌을 때 규칙적이며 szabályszerű, 이는 예견가능성megjósolhatóság을 뜻한다고 했다. 이는 단어 의미와도 관련되는 것이어서 조어법에도 적용되는 개념이라 하였다.

제 2 부

헝가리어의 어휘체계

(A magyar nyelv szókészlete)

제2부 헝가리어의 어휘체계 (A magyar nyelv szókészlete)

1. 원시어휘(Az ősi örökség)

헝가리어의 역사는 기원전 1000년 우그르 언어공동체에서 분기되어 독자적인 인종과 언어로서 머저르인과 머저르어가 형성되면서 시작된다. 기원 후 896년 헝가리 민족의 유럽 정착 시점까지 약 2000년 간의 시기를 원시 헝가리어 시대라 일컫는데, 이 기간에 가장 많은 변화가 일어났고, 고대로 부터 오늘에 이르는 헝가리어의 특징적인 모습이 형성되었다. 이 시대는 언어자료가 없는 시대(A magyar nyelv nyelvemlékek nélküli korszaka)이기도 하여서 이에 대한 연구는 간접적인 방법에 의하는데, 예를 들면 역사비교언어학적 방법론에 의해 재구성된 원시조어를 통해 원시 헝가리어 시대에 일어났을 변화를 추정한다. 역사 비교 언어학적 연구 결과에 의하면, 헝가리어는 우랄어, 핀-우그르어-우그르어-헝가리어로의 분기과정을 거치면서 약 700개의 원시어휘를 갖고 있다. 이들은 소위 기본어휘(alapszókincs)라고 하는 대명사, 원초적 개념의 동사, 자연 현상, 신체부분에 대한 명칭과 친족 관계 명칭 그리고 당시의 자연 상태를 알려주는 식물, 동물 이름과 주거형태, 일상생활에 관한 어휘들로서 헝가리어의 기원과 분기의 역사적 과정을 반영하고 있다.

헝가리어의 원시어휘는 분기의 시점을 기준으로 핀-우그르어에서 유래한 어휘와 우그르어에서 유래한 어휘로 구분되는데, 이러한 구분은 헝가리 민족이 역사적 분기 과정에서 겪은 생활양식과 자연환경의 변화가 반영되어 있기 때문이다(박수영, 2002:244).

1) 대명사

인칭 대명사: én'나', te'너', ő'그', mi'우리', ti'너희들'; ki'누구', mi'무엇'
지시 대명사: ez'이것', az'저것', maga'그 자신'

2) 수사

két/kettő'2', három'3', négy'4', öt'5', hat'6', húsz'20', harminc'30', negyven'40', száz'100'

3) 신체 부위 명칭

ajak'입술', bőr'살갗', epe'쓸개', ér'혈관', far'엉덩이', fej'머리', fog'이빨', fül'귀', háj'비계', homlok'이마', ín'힘줄', íny'잇몸', kéz'손', könny'눈물', könyök'팔꿈치', láb'발', máj'간', mell'흉부', nyelv'혀', orr'코', száj'입', szem'눈', szív'심장', szőr'털', váll'어깨', var'(다친 데) 딱지', vér'피', torok'목', ujj'손가락'

4) 친족 명칭

anya'어머니', apa, atya'아버지', árva'고아', feleség'아내', férj'남편', férfi'남자', fiú'소년', lány'소녀', meny'며느리', vő'사위', rokon'친척'

5) 자연현상, 날씨

ár'홍수', csillag'별', ég'하늘', éj'밤', év'년', fagy'서리', felhő'구름', fény'빛', hab'거품', hamu'재', hegy'산', hó'눈', hónap'달', izzik'작열하다', jég'어름', folyó'강', köd'안개', por'먼지', hajnal'새벽', ősz'가을', tavasz'봄', tél'겨울', tó'호수', víz'물'

6) 식물 명칭

ág‘나뭇가지’, fa‘나무’, fenyő‘침엽수’, fürt(과일의)‘송이’, gyökér‘뿌리’, hagyma‘양파’, meggy‘앵두’, nyár‘여름’, nyír‘자작나무’, eper‘딸기’, fű‘풀’, héj‘껍질’, levél‘잎’

7) 동물 명칭

daru‘두루미’, darázs‘말벌’, egér‘생쥐’, fecske‘제비’, fogoly‘목도리뇌조(공작의 일종)’, hal‘물고기’, hangya‘개미’, keszeg‘잉어의 일종’, lepke‘나비’, lúd‘거위’, méh‘꿀벌’, nyúl‘토끼’, róka‘여우’, sün‘고슴도치’, eb‘개’, hattyú‘백조’

8) 금속과 광물

ezüst‘은’, kő‘돌’, ón‘주석’, szén‘석탄’, vas‘철’, ólom‘납’

9) 주거와 일상생활

ágy‘침대’, ajtó‘문’, fal‘벽’, fazék‘냄비’, háló‘그물’, ház‘집’, fúró‘송곳’, kenyér‘빵’, kés‘칼’, küszöb‘문지방’, lé‘스프’, öv‘벨트’, szíj‘가죽끈’, szalag‘리본, 띠’, nyíl‘화살’, íj‘활’

10) 동사

ad‘주다’, áll‘서다’, alszik‘잠자다’, ázik‘젖다’, csíp‘집다’, dob‘던지다’, dug‘묻다’, ered‘나오다’, él‘살다’, esik‘떨어지다’, eszik‘먹다’, fél‘무서워하다’, fő‘끓다’, főz‘요리하다’, fog‘잡다’, forog‘돌다’, föd‘덮다’, fúj‘불다’, hagy‘내버리다’, hal‘죽다’, hasad‘찢기다’, hord‘나르다’, irt‘제거하다’, kell‘해야한다’, kér‘요청하다’, kíván‘희망하다’, lő‘쏘다’, lel‘찾다’, lök‘차다’, mar‘물다’, múlik‘지나가다’, nyújt‘뻗다’, olvas‘읽다’(고어, ‘세다’), oszt‘나누다’, öl‘죽이다’, ró‘새기다’, segít‘돕다’, siet‘서두르다’, sír‘울다’, tesz‘놓다’, töm‘때우다’, úszik‘헤엄치다’, válik‘변하다’, varr‘꿰매다’, vezet‘이끌다’, visz‘가져가다’

(우그르 어원): akar‘원하다’, emel‘들어올리다’, hajlik‘기울다’, játszik‘놀다’, jön‘오다’, les‘엿보다’, nevet‘웃다’, nyom‘누르다’, sért‘다치다’, szív‘빨다’, szül‘낳다’, téved‘길을 잃다, 틀리다’, vesz‘갖다’, von‘끌어당기다’

11) 공간 개념

al‘아래’, el‘앞’, mögé‘뒤’, bal‘왼쪽’, sor‘줄’; (우그르 어원) át‘관통하여’, által‘통하여’, hanyatt‘누워서’, ki‘밖으로’, közép‘가운데’, szél‘가장자리’, túl‘너머’, le‘아래’, fel‘위’, messze‘멀리’, kívül‘밖’

12) 말 사육의 기초 개념

ló‘말’, fék‘제동 장치’, nyereg‘안장’, ostor‘채찍’, kengyel‘등자(발걸이)’

13) 형용사

fekete‘검은’, jó‘좋은’, könnyű‘쉬운’, lassú‘느린’, mély‘깊은’, meleg‘따뜻한’, nyers‘날 것의’

2. 차용어(kölcsönszavak)

헝가리어는 우랄어 원시 상태에서 분리되어 오랜 민족 이동의 시기를 거쳐, 카르파텐 분지에 정착을 하게 된 소위 영토정착(honfoglalás, 기원후 895-896년)과 헝가리 왕국의 성립, 그리고 이후 오늘에 이르기까지 여러 민족과 접촉을 하며, 문화적 영향을 받는데 이러한 과정이 헝가리 차용 어휘에 그대로 반영되어 있다. 차용어는 유목민 헝가리인들이 이동 시기 중에 어떤 경제적, 문화적 영향을 받으며, 물질적 정신적 문화를 형성하는가를 확인하게 한다.

2.1. 이란어 차용어

우그르 공동체에서 분리된 헝가리 민족은 고대 이란인과 접촉하며, 그 이후 민족 이동 시기에 코카서스 북쪽의 평원과 흑해지역에서 후기 이란족인 알란족(alánok)과 접촉하는데, 이들은 정착 이후 13세기까지 접촉을 계속하게 된다.

1) 고대 이란족: tej'우유', tehén'소', nemez'버섯', tíz'열'
2) 13세기 알란족: asszony'여인', híd'다리', vért'갑옷', üveg'유리', zöld'녹색', méreg'독', kert'정원', részeg'술취한', tölgy'떡갈나무', gazdag'부자'
3) 페르시아어: 페르시아어에서 차용된 어휘는 직접적인 접촉에 의한 것이기 보다 흑해 주변의 상권에 속해 있었던 페르시아 상인을 통해 헝가리어에 들어온 것으로 본다: vám'관세', vár'성', vásár'시장', hang'소리'

2.2. 터키어 차용어

헝가리 민족의 이동시기 초기부터 영토정착 시점까지 가장 많은 접촉을 한 민족은 고대 터키인들이며, 또한 여러 시기에 걸쳐 이들과 접촉을 한다. 타민족과의 접촉에서 들어온 단어의 헝가리식 번역차용, 거울어(tükörszavak)가 발달되어 있는데 이를 통해 원시 헝가리어 시대에 고대 터키족과의 긴밀한 접촉이 있었음을 알 수 있다. 이에 대한 예가 házas'기혼의', napkelte'일출', napnyugta'일몰' 단어이다. 헝가리인들은 정착 이전 시기에는 츄바쉬족, 11-14세기에는 페체네그족과 접촉했으며, 16-17세기에는 150년 동안 오스만 터키의 지배를 받았는데, 이 과정에서 터키어로부터 상당한 어휘가 차용되었다.

1) 고대 터키어에서 차용된 어휘

신체 명칭: gyomor'위장', kar'팔', köldök'배꼽', szakáll'턱수염'

가축사육: bika'황소', borjú'송아지', disznó'돼지', gyapjú'양털', kecske'염소', sajt'치즈', teve'낙타', túró'응유 치즈', tyúk'암탉'

농경: alma'사과', bor'포도주', borsó'완두', búza'밀', csalán'쐐기풀', dió'호두', gyümölcs'과일', körte'배', szőlő'포도', árpa'보리'

사회적, 도덕적 개념: béke'평화', kölcsön'대부', tanú'증인', tolmács'통역사', törvény'법률'

신앙생활: boszorkány'마녀', bölcs'현명한', ige'말씀'

의복: bársony'비로도', gyöngy'진주', gyűrű'반지', tükör'거울'

가옥: kapu'대문', kút'우물', sátor'천막'

수공업: ács'목수', szűcs'모피제품 제조자', csavar'나사', teker'감다'

이 밖에: ér'다다르다', harang'종', homok'모래', dél'남쪽', sárga'노란', szél'바람', sár'진흙', dohány'담배'

2) 15세기 오스만 터어키 시대에 차용된 단어는 약 30개가 있으나, 후에 사용되지 않거나 방언에나 남아있다.

의생활: dolmány'옛날의 웃옷', kalpag'모자', zseb'주머니', kefe'솔', papucs'슬리퍼'

식생활: kávé'커피', tarhonya'밀가루 음식', bogrács'냄비', findzsa'칼', tepsi'철판', harács'수탈'

관청: basa'터키 총독', bég'총독의 하사관'

2.3. 슬라브어 차용어

카르파텐 분지에 도착한 헝가리인들은 제일 먼저 슬라브 민족과 접촉하게 되는데, 고대 동슬라브족인 고대러시아, 고대 우크라이나인들과 밀접한 관계에 있게 된다. 이들로부터 Duna'도나우', görög'그리스', lengyel'폴란드', tanya'고립 농가' 등이 차용되었으며, 총 약 500-600개 단어에 달한다.

요일 명칭: szerda'수요일', csütörtök'목요일', péntek'금요일',
szombat'토요일'

신앙 생활: barát'친구', csoda'기적', diák'학생', karácsony'크리스마스',
pap'신부', pokol'지옥', szent'성인', apáca'수녀'

정치 개념: császár'황제', király'왕', parancsol'명령하다', pecsét'도장',
vádol'기소하다', vall'자백하다'

수공업: kádár'통만드는 사람', kovács'대장장이', mészáros'가축도살인',
molnár'밀방아꾼', takács'직조공'

신분 개념: huszár'기마병', vitéz'용감한 군인', család'가정', cseléd'하인',
unoka'손자'

농경 생활: bab'콩', dinnye'참외', gabona'곡식', uborka'오이'

주거 생활: ablak'창문', asztal'식탁, 책상', kemence'난로, 스토브의 일종',
kosár'바구니', pince'지하실'

식생활: csésze'찻잔', ebéd'점심식사', kalács'꿀과자', kolbász'소시지',
olaj'식용유', zsír'돼지기름'

민족 명칭: bolgár'불가리아인', bosnyák'보스니아이',
horvát'크로아치아인', német'독일인', szász'작센인'

형용사: bolond'미친', gonosz'사악한', görbe'둥근'

이 밖에 근대에 이르기 까지 슬라브 여러 언어에서 차용된 단어를 유래한 언어별로 정리하면 다음과 같다:

불가리아어: mostoha'의붓의', rozsda'녹'

세르보크로아티아어: gatya'팬티', paprika'고추', róna'평원',
borostyán'호박(돌)의 종류'

슬로베니아어: lencse'콩 나무 종류', cseresznye'앵두', gally'덤불',
naspolya'모과'

슬로바키아어: kasza'긴 낫', kazal'짚 더미', poloska'빈대'
우크라이나어: harisnya'긴 양말'
폴란드어: galuska'밀가루 음식종류', bricska'네 바퀴 마차',
szamorodni'토커이 포도주의 한 종류'
러시아어: kolhoz'콜호즈', szovjet'소비에트', kulák'부농', zabrál '강탈하다'

2.4. 독일어 차용어

유럽 정착 이후 헝가리인은 서방의 기독교 문화권에 편입되어 경제, 국가, 사회 구조와 정신 문화 전반에 걸쳐 대 변화를 겪는다. 헝가리인은 카르파텐 분지에 정착함과 동시에 독일인과 긴밀한 관계를 맺게 되는데, 독일인 선교사를 통한 기독교의 수용과 함께, 11세기에는 독일 봉건 귀족들이 헝가리에 정착하게 된다. 특히 13세기 몽고의 침입 이후 폐허가 된 헝가리 동부 지방에 독일인들이 집단 이주를 한다. 1526년 헝가리가 터키와의 모하치 전투에서 패배한 후, 합스부르그 왕가의 헝가리에 대한 영향이 커지게 되면서 정치, 경제, 문화 전반에 걸친 독일의 영향이 강화된다. 이들 언어의 접촉은 9세기에 걸쳐 지속적으로 이루어지는데, 독일어 차용어는 약 2,000 단어가 된다.

종교: kehely'성잔', pünkösd'성신강림일', püspök'주교', példa'보기, 모범'
봉건 사회: gróf'백작', herceg'공작', polgár'시민', zsákmány'노획물',
gyémánt'다이아몬드', tánc'춤', erkély'발콘', kastély'궁전', torony'탑'
수공업: bognár'나무바퀴 만드는 사람', céh'길드', irha'무스탕',
suszter'구두공', borbély'이발사', pék'제빵사', pintér'통만드는 사람', hóhér'망나니', kalmár'장사꾼', cégér'대문장식',
kontár'서툰 수공업자'
화폐단위: krajcár, fillér '푼, 전', font'파운드 (과거에는 무게 단위)',
tucat'12개 다스', tallér'은전'
식생활: cukor'설탕', perec'브레첼 빵', fasírt'요리의 일종, 잘게 다진 고기',

koszt'식사', kóstol'맛보다', pácol'소금물에 절이다', pucol'씻다, 닦다', paróka'가발', copf'땋은 머리, gallér'목깃, 컬러', dáma'숙녀', farsang'사육제, 카니발', lant'류트(고대의 현악기)', láda'통', puttony'통의 일종', ráspoly'쇠붙이', tégely'(제련) 도가니', pléh'함석', drót'철사', zsindely'지붕널', papír'종이'

광업: hámor'제철소', kohó'용광로', érc'광석', márvány'대리석'

농업: major'낙농업자', marha'소'

농작물: bükköny'살갈퀴의 각종 초본', krumpli'감자', karalábé'캐비지의 일종', kel'배추', spenót'시금치', ringló'배의 일종', ribizli'구즈베리'

근대 독일어에서 차용된 어휘:

gavallér'멋쟁이 신사', kugli'볼링 공', park'공원'

csokoládé'초콜렛', piskóta'카스텔라식 과자'

drót'철사', prés'포도 압착기'

bomba'폭탄', lárma'소음', pisztoly'권총'

2.5. 라틴어 차용어

중세 헝가리의 경제, 문화생활에 있어서 제 1 언어는 라틴어였으며, 특히 교회와 관련된 어휘는 라틴어에서 많이 차용되었다. 라틴어는 인문주의 영향과 교육의 확산으로 귀족층과 문인들의 제 2 모국어("apanyelv")가 될 만큼 광범위하게 사용되었다. 따라서 정부와 학교, 학문 영역 그리고 교회 언어에 라틴어 차용어휘가 늘어났다.

기독교: ádvent'대림절', ámen'아멘', angyal'천사', apostol'사도', evangélium'복음', kántor'성가대장', mise'미사', oltár'제단', zsinagóga'유대교회', sors'운명'

달 이름: március'3월', április'4월', május'5월', június'6월' 등

사회 생활: apellál'호소하다', citál'인용하다', fiskális'변호사', juss'유산', diskurál'대화하다', figura'모형', muzsika'음악', nóta'노래', pipa'담뱃대', virtus'용맹함'

교육 개념: iskola'학교', lecke'교훈', tábla'칠판', tinta'잉크', ceruza'연필', kréta'분필', diktál'받아쓰다', kotta'악보'

형용사: dús'풍성한', csúf[1] '못난', rafinált'교활한'

부사: persze '물론' <latin. *per se*>

2.6. 이탈리아어 차용어

헝가리와 이탈리아의 관계는 기독교의 수용과 함께 헝가리에 최초의 선교사 Gellért 주교와 선교사들이 오고, 또한 12세기부터의 교역이 성해지면서였다. 달마치아 해안이 헝가리 지배 하에 있게되는 13세기부터 볼로냐와 파두아 대학으로 많은 헝가리 학생들이 유학을 하면서 북부 이탈리아어 특히 베니스어가 많이 차용된다.

헝가리는 이탈리아와 주로 교역에 있어서 관계를 유지했으며, 또한 이탈리아 용병(zsoldos)들이 헝가리에서 일함으로써 많은 이탈리아 어휘가 차용되었다. 18세기 중엽까지 이탈리아 문화의 영향을 강하게 받았던 비엔나를 통해서도 이탈리아 어휘가 헝가리어에 들어왔다.

makaróni'이탈리아 국수', mazsola'건포도', osztriga'(먹는) 굴', palacsinta'팬케이크'

forint'포린트(화폐단위)', füge'무화과', mandula'아몬드콩', narancs'오렌지', rizs'쌀'

tréfa'농담', trombita'트럼펫', piac'시장', tányér'접시'

---

1) csúf는 형용사 csúnya'못생긴'으로 쓰임과 동시에 명사로도 쓰인다. '조롱거리'의 뜻을 나타낸다: csúfot űz vkiből'누구를 조롱하다'

2.7. 프랑스어 차용어

프랑스어는 비엔나를 통해 헝가리어에 들어왔다. 18세기 후반에 비엔나는 이탈리아 문화의 영향에 이어 프랑스 문화가 주를 이루었다. 비엔나 독일어는 프랑스 어휘로 채워졌으며, 이를 통해 많은 프랑스 단어가 특히 고위 귀족층에 의해 헝가리어에 들어왔다. 따라서 이들 프랑스 어휘는 독일어를 통하여 헝가리어에 들어왔다.

paraj'시금치'
biliárd'당구', galoppíroz'승마하다',
lakat'자물쇠', kilincs'손잡이, 걸쇠', szekrény'장롱', mécs'호롱불',
tárgy'대상, 물건', zománc'유약', bagatell'사소한 것'
garzon[2]'독신자', gavallér'기사, 신사', párádé'행렬'
kurázsi'용기', szerviz'봉사'

2.8. 루마니아어 차용어

주로 트랜실바니아 방언에 들어온 루마니아 어휘

cimbora'친구', poronty'어린 녀석'
áfonya'블루베리', tokány'갈은 고기 요리', palacsinta'팬케이크',
málé'옥수수빵'
mokány'성급하고 거친', kaláka'품앗이'
furulya'피리'

2) garzonlakás'규모가 매우 작은 주택'

2.9. 국제적 유랑어휘

헝가리에 들어온 경로가 여러 나라에 걸쳐 있어서 유럽 지역의 국제적 어휘로 평가되는 어휘들이다. 2차 대전 이후의 시대에는 과학 기술의 발달과 새로운 사회 정치 체제에 필요한 개념들이 생겨났으며, 유럽의 여러 언어들에서와 마찬가지로 무역, 학문, 기술, 체육, 문화, 예술 그리고 관광에 있어서 국제화된 개념들이 늘어났다.

1) 페르시아, 아랍 어원이면서 터키어 또는 발칸 슬라브어를 통해 헝가리에 들어온 어휘들: suba'양가죽', zubbony'군복 상의', pamut'면, 무명', majom'원숭이', kömény'카륨 열매'

2) 터키어 또는 슬라브어를 통해 헝가리어에 들어온 단어들: selyem'비단', gúnya'허름한 웃옷', köntös'가운', szablya'사브르, 칼', pallos'날이 넓은 목 베는 칼'

3) 그리스어-라틴어원으로서 비잔틴 단어들이 발칸을 통해 헝가리어에 들어온 예: paplan'새털 이불', hártya'얇은 껍질, 양피지', paripa'승마용 말', alamizsna'자선, 희사', zsoltár'찬송가, 시편'

4) 라틴어가 슬라브어를 통해 헝가리어에 들어온 예: szoba'방', pogány'이교도', gránát'수류탄', garas'은화, 동전'

5) 현대의 기술발전에 의해 국제적으로 확산된 단어들:

hotel - szálloda'호텔' autó - gépkocsi'자동차'
futball - labdarúgás'축구' tribün - lelátó'관람석'

그리스어원: technika'기술', atom'원자', telefon'전화', lexikon'사전', atléta'육상선수'

라틴어원: motor'모터', konzerv'통조림', bacilus'세균, 박테리아', doktor'의사', luxus'사치', liberális'자유주의자'

독일어원: nikkel'니켈', kvarc'수정, 석영', lösz'황토, 뢰스', giccs'잡동사니', gleccser'빙하'

프랑스어원: terasz'테라스', büfé'간이식당', vitrin'유리 상자', menü'메뉴'

영어: keksz'과자', sztár'스타', dzsessz'재즈 음악', gól'(축구의) 골'

이탈리아어: rakéta'로케트', lottó'로또', karikatúra'풍자화'

스페인어: boleró'볼레로, 스페인 민속춤', torreádor'기마 투우사'

러시아어: tundra'툰드라', sztyeppe'스텝지역', kozák'코작 민족'

아랍어원: szirup'시럽', vatelin'솜으로 된 안감', trafik'담배가게'

터키어원: kán'칸', janicsár'터키보병'

인도어원: orkán'태풍, 허리케인', kakaó'카카오'

독일어의 rotwelsch 어원:

galeri'깡패집단' fater'아비, 속어'

klassz'멋지다!' finesz'간계'

히브리어-유대어원:

meló'일' haver'친구'

hirig'난투, 싸움' szajré'훔친 물건'

집시어원: csaj'소녀' kaja'먹을 것, 음식'

duma'말, 언어' pia'마실 것, 술'

유럽어에 차용된 헝가리 어휘

huszár'헝가리 기마병' gulyás'굴라시',

hajdú'16-17세기 헝가리 기마 용병' paprika'파프리카'

tokaji'토커이 (포도주)'

3. 헝가리어 고유어휘(belső keletkezésű szavak)

고유어휘란 친족어에서 분리되기 이전부터 유래한 '원시어휘'도 아니고, 다른 언어에서 들어온 '차용어'도 아닌, 언어 내적 조어 방식에 의해 생긴 어휘를 말한다. 내적 조어 방식이란 형태론적으로 파생접사나 문법접사에 의한 파생법과 단어들의 결합에 의한 합성법을 뜻하는데 헝가리어의 경우 고유어휘는 우랄어-핀우그르어-우그르어에서 분리되기 이전에도 존재했으며, 그 후 인문주의 시대와 근대 언어개혁 시대에 이르기까지 풍부한 어휘체계의 근간이 되어왔다. 원시 헝가리어 시대에서 유래한 고유어휘는 헝가리어 발달 역사의 전 과정에 걸쳐 고유어휘 형성에 근간이 되는 특징적 모습을 보여준다.

a) 파생접사 결합[3]:
álom'꿈'은 alszik'자다'의 어근형태 'al-'에 명사 파생접사' -m'이 결합된 형태

b) 문법접사 결합:
farok'꼬리'은 far-에 복수기호 -k가 결합된 명사
kívül은 ki에 부사격 접사 -ül이 결합된 후치사

c) 단어결합 방식:
nép'민족'은 nő'여성'와 fi'남성'이 합쳐진 단어
mennykő'벼락'는 menny'하늘'와 kő'돌'가 합성된 단어

a)는 동사를 명사로 파생하는 접사 -m이 존재했음을 알려주는 예로서, 이 파생접사는 근대 언어개혁 시대에 명사를 만드는 데 폭넓게 사용되었다:

áll'서다'	állam'국가'
dal'노래'	dallam'가락'

3) Bárczi Géza(1975[3]), A magyar nyelv életrajza 317쪽에서 인용.

elő'앞부분' elem'요소'

b)와 같이 문법접사가 결합된 형태에서 새로운 어휘가 만들어지는 현상은 헝가리어에 특징적인 조어법으로서 파생법의 일종이다. 문법적 단어형태의 어휘화 현상으로 볼 수 있는데, 헝가리어에서 동사의 형용사적 분사형이 형용사나 명사로 전성되는 방식이 이에 속한다.

후치사 helyett'대신에': 명사 hely'자리'에 처격 접사 -tt가 결합된 형태
형용사 fáradt'피곤한': 동사 fárad'피곤해지다'에 과거 접사 -t가 결합된 형태

c)의 합성어는 결합하는 단어들의 형태적 변형 방식도 있었음을 보여주고 있다.

헝가리어의 고유어휘는 파생과 합성 이외에 형태적 변형이 포함된 다양한 방식으로 만들어진 단어뿐만 아니라 새로운 단어의 창조라 할 수 있는 의성어와 의태어가 특징적이다. 의성어와 의태어는 헝가리어 역사의 초기부터 내적 단어형성의 산물로서 많이 생겨났는데, 사람이 내는 감탄사나 동물을 부르고 쫓는 소리들에서 파생된 동사를 비롯하여 자연과 동물이 내는 소리나 모습을 나타내는 의성동사와 의태동사가 풍부하다. 또한 이들 소리와 모습으로부터 동물 명칭, 의성 명사, 의태명사도 생겨났다.[4] 특히 16세기 인문주의 시대에 많은 의성동사와 의태동사가 만들어졌으며, 이 때 동사 파생접사 -g, -n, -kál, -kodik 등이 사용되었다.

파생접사

-g:	cincog'삑하고 울다'	csoszog'훌쩍 들이마시다'
	fecseg'재잘대다'	mekeg'염소가 울다'
	pityereg'흐느끼다'	cammog'느릿느릿 걷다'

4) 의성명사의 예로는 csetepaté '부딪치며 싸우는 소리' 등이 있으며, 의태어로는 buborék '비누방울', hebehurgya '산만한' 등이 있다.

-n　pottyan'풍덩 빠지다'
-kol　nyivákol'고양이가 울다'
-kál　piszkál'찌르다'
-kodik　sopánkodik'중얼중얼 불평하다'

근대 언어개혁 시대의 의성어와 의태어들은 대부분 민중어에서 문어의 차원으로 올라온 것으로, 언어개혁자들을 통해서 어휘확대의 수단으로 사용되었다.

파생접사

-g: brekeg'개굴개굴하다'　lötyög'찰랑 소리내다'
mormog'중얼거리다'　motyog'웅얼거리다'
nyafog'훌쩍이다'　röfög'꿀꿀거리다'
serceg'긁는 소리나다'　sistereg'지글거리다'
vacog'부르르 떨다'

-l: babrál'만지작거리다'　evickél'버둥거리며 나아가다'
pöfékel'뻐끔뻐끔 피다'　zakatol'덜컹거리다, 두근거리다'[5]

헝가리어에서 의성어와 의태어는 품사가 대부분 동사 또는 명사로서 언어 미학적 관점에서뿐만 아니라 연속적인 단어형성의 고유 재료로서 어휘체계에서 중요한 위치를 차지하고 있다.

이 장에서는 헝가리어 고유어휘 가운데 헝가리어의 의성어와 의태어를 중점적으로 다루고, 근대 언어개혁 시대에 만들어진 파생접사와 차용번역에 의한 합성어에 대해 살펴보기로 한다.

5) 괴롭힘, 성희롱을 뜻하는 명사 zaklat'괴롭힘, 희롱'은 zakatol에서 역파생된 것이다.

3.1. 헝가리어 의성어와 의태어

의성어와 의태어는 여러가지 자연, 동물, 인간에서 유래한 소리, 모습 등에서 만들어진 단어들인데, 보통 소리형식과 의미의 밀접한 관계를 유지해서 그 특징을 쉽게 알게 하는 단어는 의성어이다.

의성동사들에서는 어근에 해당되는 소리부분과 파생접사가 결합하여 비로소 동사 또는 명사가 만들어지므로 일반 파생법과는 달리 품사지정 파생법이라고 한다. 즉 소리와 모습 자체는 품사로서 존재하지 않으나 접사와 결합하면서 품사로 규정되는 단어들이다.

(*소리) + 동사 파생접사 -og	→ 의성동사
(*horty)	hortyog'드르렁거리다'
(*nyáv)	nyávog'고양이가 울다'
(*heb)	hebeg'흥분하며 말하다'
(*dad)	dadog'말더듬다'
(*mor)	morog'으르렁대다'

의성어와 의태어는 일반적으로 음성형식과 의미의 관계가 밀접한 단어들이지만 오랜 발전 과정에서 형식과 의미의 관계가 느슨해져서 알 수 없게 된 단어들이 있다. 또한 의성어와 의태어는 헝가리어 역사의 여러 단계에서 만들어졌으며, 원시의 유래를 확실하게 알 수 없게 된 단어들이 많다.[6] 그러나 이 단어들

6) 헝가리 의성어들은 라틴문자의 도입 이전에도 구어에는 존재해 왔으나, 현재 사용되는 의성어들의 대부분은 비교적 오래되지 않은 단어들이다. 일반적으로 많이 쓰이며 널리 알려져 있는 의성어들의 자료가 19세기 이전에는 없다. 이에 대한 이유는 의성어들의 수명이 길지 않기 때문인데, 대부분 빨리 생겨났다가 짧은 기간 안에 확산되지 않은 채 사라져버린다. 문어나 표준어에 상당수 남아있다 하더라도 대부분은 실제로 방언 차원에서, 좁은 범위에서나 사용되고 있고, 또한 소리형식에 있어서, 변이형들 가운데 '불규칙'한 형태들이 많다. 다음의 예는 '날카롭고 높은 csics(치츠) 소리가 나다'를 의미하는 동사의 변이형들이다.
어기 csics- : csicsereg ~ csücsörög ~ csincsereg'새. 제비가 울다'
csicsog ~ csücsög'(액체가) 칙 소리가 나며 나오다'

은 그 자체로서뿐만 아니라 파생어의 어기가 되어 헝가리 고유어휘의 확대에 중요한 요인이 되었다.

의성어	파생어
sír'울다':	sirat'울게 하다', sírdogál'징징 울다', sírás'울음'
rí'울다':	rikolt'소리치다', rivall'외치다', rívás'흐느낌'

3.1.1. 감탄사(indulatszavak)에서 만들어진 의성어

감탄사는 사람이 말을 하면서 감정이나 상태가 표현되는 즉흥적이고 자연적으로 나오는 소리이다. 아!, 오!, 아이구! 등등 감탄의 소리는 언어들에 있어서 음성적으로 비슷한 면이 있지만, 언어 고유의 표현들이 다양하게 나타나기도 한다. 우리가 주목하는 것은 헝가리어에는 이러한 감탄사에서 동사나 명사가 만들어진 단어가 많다는 점이다.

감탄사	파생접사	파생어
áh'아!'	-ít	áhít'간절히 바라다, 기원하다'
csitt'쉿'	-ít	csitít;'조용하게 하다', (→ csillapít'진정시키다')
jaj'아이구!'	-gat	jajgat'슬퍼하다', jajong'슬퍼하다'
óh'오!'	-ajt	óhajt'간절히 바라다'
hajsz'(말몰이)이랴!'	-ol	hajszol'몰아치다, 닦달하다' (hajsza'닥달')
ujj'와우!'	-ong	ujjong'큰 소리로 기뻐하다'
hm'흠!'	-ög	hümmög'흠 소리내다'
hé'헤이!'	-kás	hékás'헤이하는 사람, 얕보는 사람'
hű'아휴!, 정말!'	-hó	hűhó'과장된 환호, 호들갑'

3.1.2. 소리에서 만들어진 단어: 의성어(hangutánzó szavak)

3.1.2.1. 의성동사

소리에 파생접사가 결합하여 의성동사가 만들어지는데, 헝가리어의 의성동사는 전설모음과 후설모음의 대응쌍에 의해 단어가 분화되는가 하면, 동일한 소리에 다양한 파생접사가 결합되어 일정한 의미에 의해 구분되는 동사 대응짝을 형성하기도 한다.

1) 후설모음 동사와 전설모음 동사의 대응짝을 갖는 의성동사들이 있다.

후설모음 a, o	전설모음 e, ö
csattan'(회초리가) 철썩하다'	csetten'(자물쇠가) 철컥하다'
dorombol'(고양이가) 소리내다'	dörömböl'(문) 세게 두드리다'
dobban'쿵쿵 소리나다'	döbben'불현듯 깨닫다'
dong'(벌) 윙 소리나다'	döng'윙윙 울리다'
szipog'훌쩍이다'	szepeg'흐느끼다'

2) 반복의 파생접사 -g와 순간의 파생접사 -n의 대응쌍을 갖는 의성동사들이 있다.

어기	-g(반복적 의미)	-n(순간적 의미)
csatt-	csattog'찰싹/딸깍거리다'	csattan'찰싹 소리나다'
csob-	csobog'철썩거리다'	csobban'철썩 소리나다'
durr-	durrog'총소리가 나다'	durran'펑 소리나다'
lob-	lobog'흔들거리다'	lobban'흔들리다'
patt-	pattog'계속 탁탁 소리나다'	pattan'탁 소리나다'

3) 접사-kol, -kel, -köl ~ -gol, -gel, -göl와 결합한 동사는 대부분 의성동사들이다.

-kel/-köl	horkol'코골다'	pacskol'두드리다'
	turbékol'(비둘기가)구구 울다'	pörköl'들들 볶다'
	fröcsköl'물 튀기다'	szűköl'끙끙대다'
-gol/-gel/-göl	csatangol'어슬렁거리다'	hergel'흐트러뜨리다'
	dörgöl'문지르다'	

4) 동물소리를 표현하는 동사

bőg'(황소, 당나귀) 울부짖다', nyerít'(말이) 울다', röfög'(돼지) 꿀꿀거리다', mekeg'(염소, 양) 매애 울다', makog'(토끼, 원숭이) 소리내다', nyávog'(고양이) 야옹하다', ugat'(개) 짖어대다', üvölt'(늑대가) 포효하다', vakkant'개가 컹 짖다', vinnyog'(개가) 고통스럽게 짖어대다'; gágog'(거위가) 꽥꽥 울다', hápog'(거위가) 울다', karicsál'(닭이) 울다', kotkodácsol'(닭이) 울다', kukorékol'(수탉이) 울다', sziszeg'(뱀, 거위 등이) 소리대다', turbékol'(비둘기) 구구하다'; kuruttyol'(개구리) 개골개골하다'; cincog'(박쥐, 생쥐) 울다', ciripel'(귀뚜라미) 울다', dong'(벌) 윙 소리내다', zümmög'(곤충) 윙윙대다'

5) 사람들의 보통 말과는 다른 소리를 반영하는 동사

dadog'말더듬다', hebeg'어물대다', nyafog'훌쩍이다'; kacag'깔깔웃다', kuncog'낄낄 웃다', röhög'크게 웃다', ujjong'환호하다', vihog'낄낄거리다'; fütyül'휘파람 불다', kurjant'환성 지르다'; krákog'목쉰소리로 말하다', súg'속삭이다'

3.1.2.2. 의성명사

헝가리어의 동물, 새 이름은 사람들이 이를 부르거나 쫓는 소리에서 만들어진 의성명사들이 많다. 또한 동물, 새들이 내는 소리 자체가 이름이 되기도 하며,

소리에서 파생된 의성동사를 역파생하여, 의성동사에서 파생접사를 떼어낸 이차적 추론에 의해 명사가 만들어졌다.

1) 동물 부르는 소리

동물은 그 종류에 따라 부르는 소리가 다르며, 대부분 방언 차원에서 지역에 따라 형태적 변이형이 많다.

a) 닭 부르는 소리: csib - csibe'병아리', csir - csirke'어린 닭', tyu - tyúk'닭'
b) 오리 부르는 소리:
ruc - ruca'오리', rec - réce'오리', zsib - zsiba'작은 오리'
lib - liba'거위', puj - pulyka'칠면조', tub - tuba'비둘기'
c) 돼지 부르는 소리: koc - koca'암퇘지'
d) 말 부르는 소리: csi - csikó'조랑말', cic - cica'고양이'

2) 소리 자체가 명사로 된 경우

pinty	pinty'검은방울류새'
cinege	cinege'박새'
pitypalatty	pitypalatty'메추라기'
tücsök	tücsök'귀뚜라미'

3) 의성동사에서 단어분해(역파생)에 의해 만들어진 명사

동사	→	명사
hahotá-zik'크게 웃다'		hahota'폭소'
füty-ül'지저귀다'		fütty'휘파람'
löty-ög'출렁 쏟아지다'		lötty'묽은 스프'
korty-ol'꿀꺽 마시다'		korty'한 모금'
kakukk-ol'뻐꾹하다'		kakukk'뻐꾸기'
kuvik-ol'올빼미 소리내다'		kuvik'올빼미'

4) 의성동사에서 파생된 의성명사

kacag'웃다'	kacaj'웃음소리'
robog'부르릉 달리다'	robaj'큰소리'
röhög'낄낄 웃다'	röhej'낄낄 웃음'
zörög'덜그럭거리다'	zörej'소음'

5) 의성 형용사

selyp	selyp'혀짧은 소리의'(selypeg'혀짧은 소리로 말하다')
nyafka	nyafka'징징대는'(nyafog'징징대다')
puha	puha'부드러운'(puhul'부드러워지다')

3.1.3. 의태어(hangfestő szavak)

단어의 의미는 개념이 기본이지만, 개념에는 감정의 동반현상이 있다. 즉 슬픔, 심각함, 안심, 기쁨, 즐거움, 유쾌함, 긴장 등의 개념에는 이에 상응하는 감정이 동반된다. 이러한 개념을 나타내는 데는 단어의 일부가 어감 또는 감정을 나타내는 기능을 하거나 또 다른 한편으로는 순수 의미가 없고 감정적 동반요소, 어감을 나타내는 단어들도 있다. 의태어는 의미에 있어서 대체로 동작이나 상태를 나타내지만, 주로 부정적, 냉소적, 마음이 내키지 않는, 우스꽝스러운, 유치한 상태 등을 표현한다.

동작묘사의 대부분은 입과 손 다리 동작과 관련된 동사와 명사들이다. 의태어는 방언에 따라 상당히 차이를 보이는데, 시간적, 공간적으로 각각 발전된 형식들이기 때문이다.

kuporodik'웅크리고 앉다':
kuksol, kuporcol, kutyorodik, gugorodik, guggol
babrál'만지작거리다':
baborkál, bibirkél, babernyál, bibirász, papirkál

3.1.3.1. 의태어의 음성적, 형태적 특징

의태어에서 음성형식과 의미의 관계는 의성어에서처럼 긴밀하지 않다.[7] 그럼에도 헝가리어 의태어에 나타나는 음성적, 형태적 특징은 다음과 같다.

1) 모음+폐쇄음(또는 폐찰음)의 음성배열에 비음이 삽입된 변이형이 있다.

모음+폐쇄음(폐찰음)	모음+ n, m+폐쇄음(폐찰음)
gebed'말라서 죽다'	gémberedik'얼어서 뻣뻣해지다'
kacsint'윙크하다'	kancsal'사팔눈의', kancsalít'흘겨보다'
fitos'약간 들창코의'	finta'휘어진, 뒤틀린'
peder'(실 따위를)꼬다'	penderít'휙 돌리다'

2) 어기의 이중 자음 형태가 의성어보다는 적지만 존재한다.

camm-	cammog'뒤뚱뒤뚱 걷다'
gugg-	guggol'웅크리다'
lobb-	lobban'(불이) 확 타오르다'
mocc-	moccan'꿈쩍하다'

3) 의태동사에서도 반복 의미 접사 -g와 순간 의미 접사 -n, -dul/-dül, -lik 가 대응하는 예들이 많다.

어기	반복동작	순간동작
per-	pereg'뱅뱅 돌다'	perdül'돌다'
ren-	reng'흔들흔들하다'	rendül'휙 흔들리다'

7) 물론 친족관계가 아닌 언어들에서 비슷한 음성형식과 의미를 지니는 예들이 있기는 하다: 헝가리어 단어 pici, piciny'작은', 루마니아어 putin, 이탈리아어 piccino, 독일어 winzig, 한국어 *쪼끄만*

vill- villog'반짝반짝하다' villan'반짝하다', villámlik'번쩍하다'

4) 중복 또는 쌍둥이 합성어 형태로 쓰이는 의태어

nyám + nyám	nyámnyám'나약한, 무력한'
tutyi + mutyi	tutyimutyi'서투른, 야무지지 못한'
hebe + hurgya	hebehurgya'덜렁대는, 산만한'
inci + finci	incifinci'멋진, 훌륭한'
retye + rutya	retyerutya'어중이떠중이, 친척'
fity + firitty	fityfiritty'빨빨대는 (어린아이), 생기있는'

3.1.3.2. 의태어의 의미

의태어는 감정·기분 또는 동작과 상태를 표현하는 단어로서, 의성어보다는 의미와 형식의 관계가 밀접하지 않다. 따라서 감탄의 소리와 모양이 합쳐진 상태의 표현인 경우 의성어와 의태어의 구분이 명확하지 않으며, 여러 가지 파생접사와 결합되어 어감을 다양하게 표현한다.

1) 걸음걸이 동사

baktat'투덜터덜 걷다', ballag'느긋하게 걷다', cammog'곰이 걷다', söndörög'살금살금 도망가다', settenkedik'몰래 도망가다', csatangol'어슬렁거리다', biceg'절뚝거리다', moccan'살짝 움직이다'

2) 앉고, 구부리고 누운 동작

kuporog'웅크리다', kuksol'웅크리고, 쪼그리다', guggol'웅크리고 앉다', gubbaszt'쪼그리고 앉다', bóbiskol'꾸벅꾸벅 졸다', fetreng'굴러다니다', hempereg'뒹굴다'

3) 손 동작

babrál'만지작거리다', piszkál'찌르다', bíbelődik'분주하다', matat'샅샅이 뒤지다', motoz'몸 수색하다', cirógat'살살 쓰다듬다', simogat'쓰다듬다', kalimpál'버둥거리다', kotyvaszt'뒤섞다'

4) 입과 눈으로 하는 동작

tát'크게 벌리다', ásít'하품하다', ájul'실신하다', vigyorog'능글맞게 웃다', vicsorog'이를 드러내고 웃다', motyog'웅얼거리다', hadar'빨리 말하다', cáfol'부인하다', pillant'흘낏 보다', pislog'눈을 깜박이다'

5) 열망, 희망의 표현

ámul'놀라다, 경악하다', bámul'놀라다, 경탄하다', sóvárog'갈망하다'

6) 불안정하고 흔들리는 상태 표현

ing'흔들리다', reng'진동하다', billeg'흔들거리다', lebeg'떠다니다', leng'흔들이다', fityeg'흔들리다. 떨다', biggyeszt'내밀다', süpped'가라앉다, 눌리다'

7) 떨림, 진동의 상태

rezeg'흔들이다', remeg'떨리다', retteg'무서워서 떨다', didereg'오한에 떨다', pereg'돌다', hemzseg'우글거리다', nyüzsög'북적이다', lobog'펄럭이다', villog'번쩍이다', csillog'깜빡이다'

8) 그 밖의 의태동사

tikkad'시들다', zsibbad'뻣뻣해지다, 마비되다', duzzad'붓다', dudorodik'혹이 나오다', csúszik'미끄러지다', hömpölyög'물결치다', háborog'혼란스러워지다, 동요하다'

9) 의태명사의 상당부분은 얕보는 의미의 형용사

gügye'옹알거림', süsü'멍청한', pipogya'소심한', sunyi'교활한, 음흉한',

buksi'머리가 덥수룩한, 멍청이', alamuszi'음흉한'
작음을 나타내는 형용사: parányi'극소량의', pici'아주 작은, 소량의', piciny'아주 작은'

10) 그 밖의 의미의 의태명사

púp'곱사등', búb'둥근 꼭대기/머리', dúc'버팀대'
pehely'깃털', pihe'가는 깃털'; cicoma'치장', dáridó'연회, 주연', cafrang'가장자리 술 장식', cafat'넝마조각'; fityma[8]'빈둥거림', piszok'더러움'

3.2. 근대 헝가리어 언어개혁(nyelvújítás) 시대의 고유어휘

근대 헝가리어 시대에는 그 이전 시대에 이미 주요 규칙들이 형성되어 있던 통일된 문학어가 확립된 시기이다. 가장 큰 변화는 어휘영역에서 일어났다. 언어 개혁은 인위적인 방법으로 새로운 단어를 만들어냈으며, 또한 19세기 중반의 유럽을 특징지었던 개념 체계, 사고와 정서 표현에 맞는 헝가리 고유어휘를 만들어냈다. 고유어휘를 만드는 방법은 방언을 표준어화하는 법, 소멸된 단어를 부활시키는 방법 그리고 일반적 조어법인 파생법과 합성법 외에 단어분해법, 절단법과 같은 인위적인 조어법을 창안해낸 것이었다.

1) 여러 지역 방언의 일반적 사용

avatkozik'개입하다', betyár'강도', burgonya'감자', falánk'식탐하는', hullám'파도', hús '고기', meder'바닥', róna'평원', sajnos'유감스런', zamat'맛과 향기', kandalló'벽난로', csűr'곡물창고', rekeszték(páholy)'칸막이 좌석'
부사 파생접사 -lag, -leg은 민중어에서 받아들여 확산시켰다: főleg'주로', valószínűleg'아마도'

8) 의태동사 fityeg'빈둥거리다, 늘어지다'에서 유래한 의태명사

2) 더 이상 사용되지 않는 단어의 부활

aggastyán'백발, 노인', áradat'홍수', év'년, 해', fegyelem'규율, 훈육', hon'고향, 조국', iker'쌍둥이', verseny'경기'

원래 의미를 변화시켜 사용: alak의 원래 의미는 "인형"이었으나 '형태, 모양'의 의미로 사용; hős는 원래 '청년, 총각'이었으나 '영웅, 주인공'의 의미로 변화

보통명사 외에 옛 헝가리 사람이름의 활성화: Ákos, Árpád, Béla, Gyula, Zoltán

헝가리 작가와 시인들이 만들어낸 이름들이 널리 퍼진 예:

András Dugonics: Jolán (jóleányka '착한 소녀')

Mihály Vörösmarty: Hajna, Csilla, Tünde, Dalma(원래 남자이름이었으나 후에는 여자이름이 됨)

Arany János: Gyöngyvér, Attila, Csaba, Ildikó(옛 이름을 대중화시킴)

3) 단어 길이 줄이기

언어의 경제성과 단순성의 경향은 "빠르게 말하기"에 부합되었다.

a) 새로운 파생접사를 만들어 합성어를 대치하기

cukorsüteményes'제빵사' → cukrász (파생접사 -ász/-ész)

seborvos'외과의사' → sebész

b) 단어의 끝음절 또는 끝부분을 잘라내어 길이 줄이기 또는 분화하기

gépely → gép'기계'

árnyék'그늘' > árny'귀신, 혼백'

címer'문장' > cím'주소'

c) 단어분해하여 역파생하기

bókol'겉치레 말을 하다' > bók'겉치레 인사'

mámoros'도취한' > mámor'도취'

4) 단어를 합성하되 앞뒤를 잘라 줄이는 방법

cső'관, 대롱' + orr'코'	→	csőr'새의 부리'
levegő'공기' + ég'하늘'	→	lég'공중, 허공'
híg'묽은' + anyag'물질'	→	higany'수은'
könnyű'쉬운, 가벼운' + elméjű '정신의, 이성의'	→	könnyelmű'경박한'
rovátkolt'둘쭉날쭉 새겨진' + barom'가축'	→	rovar'벌레'

5) 합성법

위와 같은 축약법과 함께 가장 생산적인 단어확대 방식은 새로운 개념에 대한 어휘를 만드는 것이었다. 이것은 주로 이미 존재하는 단어들을 합치거나 잘라내는 방식으로 진행되었다. 합성법은 단어 만드는 가장 생산적인 방법으로 오늘날에도 자주 사용된다:

folyó'흐르는' + irat'글'	folyóirat'잡지'
helyes'올바른' + írás'쓰기'	helyesírás'맞춤법'
jellem'특징' + rajz'묘사'	jellemrajz'성격묘사, 프로필'
rend'질서' + őr'지킴이'	rendőr'경찰'

6) 파생법: 새 파생접사의 창조(-szt, -sít, -alom/-elem, -mány/-mény, -c, -nc 등)

-szt:	fagy-aszt'얼리다'	fogy-aszt'줄이다, 소모하다'
	törl-eszt'지불하다'	ill-eszt'맞추다'
-sít:	mozgó-sít'움직이게 하다'	fiú-sít'(여자아이를) 양자로 삼다'
	államo-sít'국유화하다'	
-alom/-elem:	bánt-alom'고통'	győz-elem'승리'
-mány/-mény:	állít-mány'서술어'	él-mény'경험'
-c:	bohó-c'광대'	él-c'농담'
-nc:	fegy-enc'죄수'	lel-enc'버려진 아이'
	ifj-onc'(철없는) 청년'	kegy-enc'귀염둥이, 총아'

-g:	andal-og'산책하다'	társal-og'대화하다'
-ng:	düh-öng'분노하다'	őrj-öng'격노하다'

7) csárda, kaloda와 같은 단어에서 -da 음절을 파생접사로 사용해서, '장소, 사업'의 뜻을 갖는 단어들을 만들어냈다.

-da	bölcsöde'탁아소'	cukrászda'제과점'
	iroda'사무실'	járda'인도'
	szálloda'호텔'	tőzsde'증권거래소'
	uszoda'수영장'	zárda'수녀원'
	nyomda'인쇄소'	óvoda'유치원'
	áruda(áruház)'백화점'	kóroda(kórház)'병원'
	dalárda'성악가 협회'	fagylalda'아이스크림집'
	képezde'사범학교'	csónakda'보트대여소'
	lovarda'승마학교'	lövölde'사격장'
	pénzverde'화폐주조소'	sütöde'빵집'
	szövöde'직조공장'	tanoda'교습소'
	tébolyda'정신병원'	vizelde'변소'

8) 헝가리어의 단어구성 방식(형태소 연결 방식)에 어긋나는 예

헝가리 단어의 '어근-파생접사-문법접사' 구조와 어긋나는 단어구성방식이란 파생접사의 어기가 어근과 문법접사가 결합된 형태인 데서 나타난다: [어근-문법접사]-파생접사

어기	동사 파생접사	파생어
kéz-be'손 안으로'	-sít	kézbesít'배달하다'
szem-be'눈 안으로'	-sít	szembesít'대조하다'

9) 파생접사의 확대 적용

어기의 품사를 확대하여 파생접사를 적용하였다. 예로써 명사에서 동사를 파생하는 접사 -z를 부사, 후치사에도 적용하여 동사를 파생했으며, 명사에서 형용사를 파생하는 접사 -i도 마찬가지로 부사에 적용하여 형용사를 파생하였다:

	어기	동사 파생접사	파생어
후치사	után‘뒤에’	-z	utánoz‘모방하다’
부사	fellebb‘더 위로’	-z	fellebbez‘이의 제기하다’
	újra‘다시’	-z	újráz‘앙코르 요청하다’

어기	형용사 파생접사	파생어
alább‘더 아래로’	-i	alábbi‘아래의’
eddig‘지금까지’	-i	eddigi‘지금까지의’
voltaképpen‘실제로’	-i	voltaképpeni‘원래의’

10) 외래어휘의 직접 번역에 의한 반영어휘가 많이 생겨났다.

독일어	Standpunkt‘입장’	álláspont‘입장’
	Eindruck‘인상’	benyomás‘인상’
라틴어	praejudicium‘선입견’	előítélet‘선입견’

언어개혁자들은 신어를 친족어에서 만들어내지 않았다. 이는 헝가리어의 기원이 그 당시 일반화되지 않았기 때문이었다. 예외적으로 Sajnovics의 Demonstratio(1770)에서 minta‘견본, 양식’가 랩어에서 헝가리어에 들어오게 되었다.

언어개혁의 결과들은 19세기말에 학문적으로 정리되었으며, 신어주의자들에 의해 소개되거나 창조된 단어들 중 약 10,000 단어가 오늘날에도 사용되고 있다. 이 새 단어들은 헝가리 작가와 시인들이(Vörösmarty Mihály, Arany János, Petőfi Sándor, Jókai Mór) 받아들여 사용했으며, 이것이 대중에게 받아들여지고 전파되었다. 언어개혁자들은 필요에 의해서뿐 아니라 미적 원칙에 의해 언어를 아름답게 만들고자 했다.

제3부

헝가리어 조어법

(szóalkotás)

제3부 헝가리어 조어법(szóalkotás)

1. 조어법(szóalkotás)이란 무엇인가?

어휘는 한 언어에서 가장 개방된 영역이다. 사회적, 정치적 경제적 조건의 변화와 함께 인간 삶의 형태의 중요한 변화, 과학기술의 발전, 인생관과 철학의 새로운 인식은 필수적으로 무한히 많은 개념을 만들어내고, 이를 모국어로 표현하고자 하는 것은 자연적 요구이다. 이러한 요구에 부응하기 위하여 어휘는 지속적으로 변화하고 확대된다. 어휘의 확대는 언어 내적으로 기존에 없던 단어를 새로이 만드는 방법과 언어 외적으로 차용에 의한 방법이 있다.

조어법(szóalkotás)이란 언어 내적으로 고유의 형태적 장치를 통해 새로운 단어를 만들어내는 다양한 방법을 뜻한다. 언어 내적어휘 확대 방법으로서 조어법은 최소의 형태론적 장치로 최대한 많은 단어가 생성되는 생산성이 높은 방법[1]으로서 파생법과 합성법이 대표적이고, 이와 함께 단어분해법, 단어절단법,

---

1) 영어와 같은 굴절어들에서 나타나는 생산적 어휘확대 방법인 품사전성(conversion)은 헝가리어에서는 드물게 사용되는 방법이다. 헝가리어에도 이중 품사어를 품사전성에 의한 어휘확대의 예로 볼 수 있으나 주로 동사의 분사형 접사가 파생접사로 어휘화한 것으로 해석하여 파생법에 포함시킨다(파생법 157쪽 참고).

축약법, 모자이크어 등의 다양한 조어법이 있다.

1. 파생법
2. 합성법
3. 단어분해법 (역파생법)
4. 단어분화법
5. 단어절단법
6. 단어축약법
7. 모자이크법
8. 민간어원

2. 단어와 조어법

단어는 최소의 언어적 자립형식으로서 사전적 단어와 문법적 단어로 구분된다. 사전적 단어는 어휘를 구성하는 단어로서 문장에 쓰이지 않은 사전적 자료 형태, 즉 문법정보가 결합되지 않은 형태의 단어이다. 사전적 단어는 어근 형태소 자체가 자립형식으로서 하나의 단어인 경우, 어근형태소에 파생접사가 결합된 파생어, 그리고 어근형태소가 둘 이상 결합된 합성어, 그리고 파생과 합성에 의해 만들어진 단어가 이에 속한다.

한편, 문법적 단어는 사전적 단어가 문장에서 문법적으로 사용된 형태를 뜻하는데, 다시 말하면, 사전적 단어에 문법 형태소가 결합된 형태이다. 헝가리어의 문법 형태소는 배열 순서를 기준으로 기호형태소와 어미 형태소로 구분된다. 모든 문법적 단어는 단어의 끝에 어미형태소가 있으며, 어미 형태소의 바로 앞에 기호형태소가 있을 수 있다.

사전적 단어= 어근형태소 + (파생형태소) + (파생형태소)

[어근형태소 + (파생형태소)] + [어근형태소 + (파생형태소)]

문법적 단어 = 사전적 단어 + (기호형태소) + 어미형태소

조어의 대상은 헝가리어의 어휘를 구성하는 사전적 단어이며, 이들 사전적 단어의 형성방법을 조어법이라고 한다. 조어법은 일반적으로 단어의 형태 구조에 따라 하나의 어근과 파생접사들의 결합에 의한 파생법(szóképzés)과 둘 이상의 사전적 단어가 결합되는 합성법(szóösszetétel)으로 구분한다.

헝가리어는 특히 파생법(szóképzés)이 발달한 언어로서 매우 단순하고 원초적인 개념의 단어를 어근으로 하여 다양한 파생접사에 의해 단어들이 만들어진다. 헝가리어는 형태유형적으로 교착어에 속하는데, 이 교착어적 특징이 조어법에 반영되어 하나의 어근에 여러 파생접미사가 연속적으로 결합할 수 있는 구조이다.

헝가리어 파생법의 특징은 파생접사가 언제나 어기의 뒤에 결합되는 접미사 파생법이다. 헝가리어 파생접미사의 종류와 수는 매우 많고 다양한데, 이들 파생접미사에 의해 파생된 단어가 다시 다른 파생접미사와 결합하여 연속적 파생을 할 수 있다. 따라서 헝가리어는 다양한 파생접미사가 존재하고, 이들의 연속적 조합이 가능하므로 동일한 어근을 갖는 파생어가 폭발적으로 늘어날 수 있는 언어이다.

어근	파생접사1	파생접사2	파생접사3
tud'알다'	tud-at'알게하다'	tud-at-os'알고있는'	tud-at-os-ság'자각'
	tud-ós'학자'	tud-ós-ít'알려주다'	tud-ós-ít-ó'통신원'
	tud-omány'학문'	tud-omány-os'학문적'	
	tud-atlan'무지한'	tud-atlan-ság'무지'	
	tud-ás'지식정보'		
	tud-omás'인지'[2]		

2) 파생명사 tudomás는 부사격 어미 -ul과 결합한 형태로 관용적 동사구에 사용된다: tudomásul vesz vmit'인지하다, 깨닫다'

헝가리어에 파생접미사의 수와 종류가 많다 하더라도 파생법이 일정하게 제한된 수의 파생접사에 의해 새로운 어휘가 만들어지고 또한 어기와의 결합할 때에도 어휘적, 통사적 제약이 있는 조어법이라면, 합성법(szóösszetétel)은 기존의 단어를 합하여 새로운 개념의 단어를 만드는 방법으로 기본적으로 가장 생산적인 단어형성법이다. 원초적 개념의 단어이든 다양한 파생접사에 의해 만들어진 파생어이든 이들 단어는 합성어를 구성하는 '기존의 단어'들이므로 이들의 체계적 또는 자의적 결합에 의해 무궁무진하게 많은 단어가 만들어질 수 있기 때문이다. 마찬가지로 동사 tud'알다' 와 관련된 합성어를 예로 들면 다음과 같다.

합성어	파생어	+	어근단어
tudásszomj'지식욕'	tudás'지식'	+	szomj'목마름'
tudományegyetem'대학교'	tudomány'학문'	+	egyetem'대학교'
tudomásulvétel'수락, 용인'	tudomás-ul'인지하여'	+	vétel'받아들임'

파생법과 합성법에 의해 만들어진 단어들은 언어공동체에 받아들여지고 학습되어야하는 전제가 있으므로 고유의 결합 원리와 규칙이 있게 되는데 이를 이해하기 위한 것이 조어법 연구의 목적이다.

3. 파생법(szóképzés)

파생법은 기존의 단어에 형태적 변형을 가해서 새로운 사전적 단어를 만드는 방법이다. 헝가리어의 단어는 접사가 어근의 뒤에 결합되는 교착어 유형으로서, 헝가리어에서 파생법은 하나의 단어에 접사(Suffixum)가 결합된다. 이 때 기존의 단어를 기초어 또는 어기(alapszó)라 하며, 결합된 접사는 파생접사(képző), 새로 만들어진 단어는 파생어(származékszó, képzett szó)라 한다.

어기(alapszó)	+	파생접사(képző)	→	파생어(származékszó, képzett szó)
hal'물고기'	+	-ász	→	halász'어부'

boldog'행복한' + -ság → boldogság'행복'
olvas'읽다' + - ás → olvasás'독서'

파생어는 그 의미와 품사가 어기의 어휘적 의미와 파생접사의 의미적, 품사적 기능에 의해 규정된다. 따라서 파생법 연구에서는 파생접사의 의미 기능과 품사 기능에 따라 다음과 같이 파생의 종류를 구분하여 고찰한다.

헝가리어 파생법에서 어기는 대부분 자립적 단어로서 품사를 알 수 있는 형태이지만, 때로는 어기가 비자립적인 형태로 품사 규정이 불분명한 경우가 많다. 즉 어기가 자립적 단어가 아닌, 소리, 모양을 묘사하는 어근형태인 경우에는 파생접사에 의해 품사가 규정된다. 또한 어기의 품사와 파생어의 품사가 동일한 경우에 파생접사는 어기의 의미만을 변화시키고 품사는 유지하는 기능을 하며, 어기와 파생어의 품사가 다르면 파생접사는 품사변경, 즉 통사적 변형 기능을 하게 된다. 파생법을 품사 형성 기능을 기준으로 분류하면 다음과 같다.

1) 품사변경 파생법(szófajváltó): 어기와 파생어의 품사가 다르다.

어기의 품사가 변하는 품사변경 파생법은 어휘확대의 관점에서 가장 중요하다. 헝가리어는 연속파생이 가능하므로 하나의 어근에서 다양한 품사의 파생어들이 생겨날 수 있기 때문이다.

형용사에서 명사 파생: egész'전체의' egész-ség'건강'
명사에서 형용사 파생: egészség'건강' egészség-es'건강한'
형용사에서 동사 파생: boldog'행복한' boldog-ul'능숙해지다'

2) 품사유지 파생법(szófajtartó)

어기와 파생어의 품사가 같은 경우, 즉 품사는 변하지 않지만 어기와 파생어의 의미가 다르다. 또한 동사의 경우 어휘적 의미뿐만 아니라 문법적 통사적 기능이 다른 동사가 파생되기도 하는데, 이를 특별히 통사적 파생이라고 일컫기도 한다. 그러나 이 경우 파생접사는 순수 통사적이기보다는 동작양식이나 재귀 의미도 갖고 있기 때문에 조어적 파생의 맥락에서 고찰하는 것이 적합하다.

어기의 품사가 바뀌지 않고 그대로 유지되는 파생법

동사에서 동사:	von'끌다'	vonz-ódik'끌리다'
명사에서 명사:	hal'물고기'	hal-ász'어부'
	lány'소녀'	lány-ka'처녀'
	mák'양귀비(씨)'	mák-ony'아편'
		mák-os (kalács) '양귀비씨가 있는 빵'

3) 품사지정 파생법(szófajjelölő): 어기의 품사가 명확하지 않으며, 자립적이지 않다.

어기가 불분명한 어근 형태로서 파생접사에 의해 품사가 지정되는 경우이다. 헝가리어에 특히 발달된 의성동사, 의태동사들이 이 방법에 의해 많이 만들어졌다(3.1. 헝가리의 의성어와 의태어 45쪽 참고). 이는 헝가리 언어개혁 시대에 만들어진 단어의 분석에도 필요하다.

불분명 어근에서 동사 파생:

turbék-	turbék-ol'(칠면조가) 골골 울다'	
gerj-	gerj-ed'불타오르다'	gerj-eszt'불어 일으키다'

명사 파생:

tám-	tám-asz'버팀목'

3.1. 어기(alapszó)

1) 어기의 의미

어기의 의미는 파생어 의미의 핵심을 이룬다. 따라서 동일 파생접사를 지니는 파생어들은 특정 의미범주를 이루는 파생어군을 형성하게 된다. 예를 들어, 헝가리어에서 명사를 동사로 파생시키는 동사 파생접사 -l, -ll에 의한 파생어는 다음과 같이 구분된다.

	어기	파생동사
a)	dob'북'	dob-ol'북을 치다'
	hegedű'바이올린'	hegedü-l'바이올린 켜다'
	kasza'낫'	kaszá-l'낫질하다'
b)	helyes'올바른'	helyes-el'옳다고 여기다'
	kevés'적은'	keves-ell'적다고 여기다'
c)	zöld'초록의'	zöld-ell'초록색이 되다'
	piros'빨간'	piros-lik'빨갛게 되다'
	fekete'검은'	feketéll-ik'검게 되다'

a)의 어기의 의미가 도구, 수단을 나타내면, 파생동사는 도구나 수단을 사용하는 동작, 행위를 나타낸다. b)와 같이, 어기의 의미가 특성, 정도를 나타내거나, c)의 색, 빛깔을 나타내는 형용사가 어기인 경우이다.

2) 어기의 형태

헝가리어의 단어는 여러 개의 파생접사가 결합할 수 있으므로, 어기는 상대적 개념이다. 즉 파생어의 어기는 어근(tőszó)이나 파생어(képzett szó) 또는 합성어(összetett szó)일 수 있으며, 또한 모자이크어도 드물게 어기가 된다.

	어기	파생접사	파생어
a)	egész'온전한'	-ség	egészség'건강'
b)	egész-ség'건강'	-es	egészséges'건강한'
c)	fény'빛'+kép'그림'	-ez	fényképez'사진찍다'
d)	tévé(TV)'텔레비전'	-zik	tévézik'TV보다'

a)는 어기가 어근이며, b)의 파생어는 이미 파생이 된 단어가 어기이다. c)는 합성어가 어기인 경우이고, d)는 televizió 단어에서 tv를 떼어내어 만든 모자이크어가 어기인 예이다.

그러나 어기는 헝가리어의 의성어와 의태어에서와 같이 일반적으로 자립적으로 사용되지 않는 어근형도 될 수 있다. 즉 소리, 모습을 묘사하는 어근 형태에 접사가 결합되는데, 파생접사와의 경계는 동일한 어근과 결합한 다른 파생어들에 유추하여 분석할 수 있다.

	어기	파생접사	파생어
a)	patt-	-an	pattan'한번 쾅·탁 소리를 울리다'
	patt-	-og	pattog'여러 번 쾅·탁 소리를 울리다'
	camm-	-og	cammog'뒤뚱거리고 가다';
	bor-	-ít	borít'덮다'
	bor-	-ul	borul'덮이다'

patt-, camm-, bor-는 자립적으로 사용되지 않는 어근 형태소로서 파생접사와의 결합에 의해서 자립적 동사가 만들어진 예이다. 비자립적 어기와 결합하는 파생접사는 자립적 단어인 파생어를 만들게 되므로 '품사지정' 접사라고 한다 (파생법의 개념 68쪽 참고).

이 외에 문법적 단어, 즉 문법접사가 결합된 형태가 어기로 사용되기도 한다. 일반적으로 파생어의 어기는 문법 형태소가 결합되지 않은 사전적 단어형태이지만 드물게 문법적 단어형인 경우도 있다.

	어기	파생접사	파생어
a)	könnyebb'더 쉬운' (könnyű'쉬운' + -ebb'비교급 기호')	-ít	könnyebbít'더 쉽게하다'
b)	falum'우리 마을' (falu'마을' + -m'1인칭단수소유기호')	-beli	falumbeli'우리 마을 소속의'
c)	láttam'내가 보았다' (lát'보다' + -t'과거 기호소' + -am'1인칭 단수 기호소')	-z	láttamoz'직접 확인하다'

3) 어기의 품사

헝가리어에서 어기는 일반적으로 동사 또는 명사가 많이 쓰이지만 형용사, 부사, 후치사, 감탄사 등과 하나의 음성이나 문장의 여러 단어가 결합된 단어결합체인 경우도 있다. 거의 모든 품사의 단어들이 파생접사의 어기가 될 수 있다.

a) 동사: ad-ogat'계속 전달하다, 공을 패스하다', ül-dögél'오랫동안 앉아있다'
b) 명사: asztal-os'목수', mi-féle'어떤 종류의'
c) 형용사: ügyes-ség'재주, 능란함'
d) 수사: kettő-s'이중의'
c) 부사: közel-ség'가까움'
d) 후치사: alá-z'욕보이다, 경멸하다', mellett-i'옆의'
e) 감탄사: jaj-gat'한탄하다'
f) 음성: ö-zik'ö로 발음하다' (방언에서: ember > embör)
g) 단어결합: nenevesskorán-ozik 'Ne nevess korán!
'(먼저 웃지 않기) 놀이를 하다'
nemtörődöm'무심한'

3.2. 파생접사(képzők)

3.2.1. 파생접사의 분류

파생접사는 어기와 결합하여 의미적, 통사적 변형을 일으키는 기능을 하는데, 일반적으로 어기와 파생어의 품사를 기준으로 크게 네 가지로 구분한다. 먼저 넓은 의미의 명사 파생접사(명사와 형용사)와 동사 파생접사로 구별된다. 이는 다시 어기의 품사에 따라 다음과 같이 세분된다. 여기서 어기의 품사는 동사와 동사가 아닌 경우로 나누어, 동사인 경우에는 deverbális와 명사인 경우 denominális로 나타내고, 파생어의 품사도 동사이면 igeképzők, 명사이면 névszóképzők로 구분한다.

a) 동사에서 동사 파생접사(deverbális verbumképzők): V → V
   ír-hat, játsz-(o)gat, jár-kál
b) 명사에서 동사 파생접사(denominális verbumképzők): N→ V
   szám-oz, öreg-ít, fehér-edik
c) 동사에서 명사 파생접사(deverbális nomenképzők): V → N
   ír-ó, tanul-ság, akar-at
d) 명사에서 명사 파생접사(denominális nomenképzők): N → N
   fiú-cska, só-s, város-i

명사(nomen, névszók)의 범위는 실명사, 형용사 수사, 그리고 대명사를 포괄하는 개념으로서 예를 들어 형용사 파생, 수사 파생 등이 이에 포함된다. 특히 헝가리어에서 형용사는 통사적으로 명사의 기능을 할 수 있기 때문에 명사 범주에 속하지만 파생형용사의 경우 형태적으로 명사와 구별이 되므로 형용사 파생접사는 별도로 구분해서 다룬다.

파생접사	어기	파생어: 형용사
-s	só'소금'	sós'소금이 있는, 짠'
-tlan		sótlan'소금이 없는, 싱거운'
-ékony	változik'변하다'	változékony'변화무쌍한'
-tlan		változatlan'변하지 않는'

그러나 파생접사 가운데에는 여러가지 품사의 어기와 결합하는 파생접사들이 있다. 명사 어기와 동사 어기 둘 다와 결합하는 파생접사들의 경우 위의 품사를 기준으로 한 분류법에는 적합하지 않다.

파생접사	어기	파생어
a) -talan/-telen	형용사 bátor'용감한'	bátortalan'용기없는'
	명사 öröm'기쁨'	örömtelen'기쁨없는'
	동사 tehet'할 수 있다'	tehetetlen'무기력한'
b) -ít	동사 áll'서다'	állít'세우다'
	형용사 szép'아름다운'	szépít'예쁘게 하다, 미화하다'
c) -dik	동사 hever'누워있다'	heveredik'늘어지다'
	형용사 sötét'어두운'	sötétedik'어두워지다'
d) -ság/-ség	동사 tanul'배우다'	tanulság'교훈'
	형용사 szép'아름다운'	szépség'아름다움, 미'
	명사 ember'사람'	emberség'인간'

3.2.2. 파생접사의 의미

파생접사의 의미는 어기와의 관계에서 알 수 있다. 어기의 의미와 비교해서 파생어에 나타난 의미변화가 파생접사의 의미이다(jelentésmozzanat).

	파생접사	어기	파생어
a)	-ész	kert'정원'	kertész'정원사'
	-os	asztal'책상'	asztalos'(가구만드는) 목수'
b)	-cska	fiam'나의 아들'	fi-acská-m'나의 (사랑스런) 아들'
		anya'엄마'	anyácska'사랑스런 엄마'
c)	-dögél	ül'앉다'	üldögél'하염없이 앉아있다'
	-t	pattan'철썩 소리가 나다'	pattant[3] '철썩 소리를 내다'

파생접사가 어기의 의미를 변화시키는 정도는 a)와 같이 파생어의 의미가 어기의 의미와 완전히 다른 경우부터, b)에서와 같이 뉘앙스의 차이만 있는 경우도 있다. 또한 c)의 동사 파생접사들은 일반적으로 어기가 나타내는 동작의 특성 또는 주어, 목적어와 관련된 의미변화를 나타낸다.

a)	-cska	anya'어머니'	anyá-cska'엄마'
		fog'잡다'	fogó-cska'술래잡기 놀이'
b)	-gat	tanul'공부하다'	tanul-gat'건성으로 공부하다'
		mos'닦다'	mos-ogat'설거지하다'

또한 동일한 파생접사라해도 결합하는 어기에 따라 다른 의미를 나타내기도 한다. 파생접사의 의미변화 정도는 같은 a)와b)에서 처럼 같은 파생접사로 파생된 단어들에서도 아주 다를 수 있다.

파생접사는 그 의미적 특성에 따라 정리하면, 같거나 유사한 의미를 갖는 유의 파생접사(azonos, rokon értelmű; szinonim), 반대 또는 대립되는 의미를 지니는 반의 파생접사(ellentétes értelmű; antonim), 형태는 같으나 의미가 다른 동음이의 파생접사(azonos alakú; homonim) 그리고 동일 형태이면서 여러 가지 의미를 지니는 다의 파생접사(több jelentésű; poliszemantikus)로 분류된다.

3) 두 가지 변이형 pattant ~ pattint 이 있다. 형대 헝가리어에서는 pattint 가 더 자주 쓰인다.

1) 유의 파생접사(szinonim)

비슷한 의미를 갖는 파생접사들로서, 헝가리어에는 동사에서 명사를 파생하는 접사들에 많다.

i) 동작의 결과 또는 결과물을 나타내는 파생접사

파생접사	파생어
a) -ás/-és	ír-ás'서류', szánt-ás'고랑', ránt-ás'튀김', ölt-és'바느질 땀'
b) -at/-et	kirak-at'진열장', épül-et'건물', akar-at'의지', mellékel-et'첨부'
c) -mány/-mény	ad-omány'기부금', ered-mény'결과'
d) -vány/-vény	áll-vány '대, 선반', bead-vány'청원서', önt-vény'주(조)물'
e) -alom/-elem	sir-alom'비탄', győz-elem'승리'

ii) 동작이 일어나는 장소

a) -ás/-és:	lak-ás'집'	ül-és'회의'
b) -at/-et:	bejár-at'입구'	kijár-at'출구'
c) -ó/-ő:	nyaral-ó'여름별장'	ebédl-ő'(가정의) 식당'
d) -da/-de:	jár-da'인도'	étkez-de'급식소, 식당'

a)와 b)의 -ás/-és, -at/-et 파생접사는 i)에서는 동작의 결과를 나타내는 명사 파생접사이지만 ii)에서는 일어나는 장소를 나타내기도 한다. c) 의 -ó/-ő는 동사의 현재분사형 접사로서 명사 파생접사로 어휘화한 경우이다. d)의 -da/-de는 언어개혁시대에 생겨난 파생접사이다.

iii) 사동성 의미

a) -at/-et/-tat/-tet   fest-et'칠하게 하다', olvas-tat'읽게 하다'
b) -ít   feláll-ít'올려 세우다', szól-ít'말 걸다, 부르다'
c) -aszt/-eszt   vál-aszt'분리시키다, 이혼시키다'
    él-eszt'(불꽃을) 살리다'

이 밖에 유의 파생접사 -ós/-ős, -ékony/-ékeny는 동일 어기에 동시에 사용되기도 하는데, 이 때는 파생어의 의미가 분화되거나 사용상의 제약에 의해 구분된다.

a) -ós/-ős   fog-ós'잘 잡히는'   talál-ós'찾아내야하는'
-ékony/-ékeny   fog-ékony'빨리 이해하는'   talál-ékony'잘 찾아내는'

fogós kérdés'걸려들게 하는 유도심문', fogékony elme'잘 받아들이는 사람'
találós kérdés'수수께끼', talál-ékony ember'창의적인 사람'

2) 반의 파생접사(antonim)

반의 파생접사는 반대의 의미뿐만 아니라 대립적인 의미를 지닌 파생접사를 의미한다. 동사 파생접사 가운데 동사의 동작양식, 즉 반복적 동작과 순간적, 일회적 동작으로 대립되는 파생접사, 자동성과 타동성으로 대립되는 동사을 만드는 접사가 있으며, 형용사 파생접사에는 특성의 존재와 부재, 또는 긍정과 부정의 의미로 대립하는 파생접사 등이 있다.

a) -g'반복적 동작'   -n'일회적 동작'
patt-og'쾅 소리를 계속 내다'   patt-an'한번 쾅하고 소리나다'
csill-og'번쩍번쩍이다'   csill-an'번쩍 빛나다'

b) -ít'타동성, 사동성' -ul/-ül'자동성, 피동성'
fesz-ít'팽팽하게 당기다' fesz-ül'팽팽하게 조여지다'
tér-ít'펼치다' tér-ül'펼쳐지다'

3) 동음이의 파생접사(homonim)

a) -at/-et
i) '명사 파생접사, 동작의 결과': dolgoz-at'논문', épül-et'건물'
ii) '사역동사 파생접사': bont-at'열게 하다', fest-et'칠하게 하다'
b) -n '일회적 동작': patt-an'한번 쾅 소리나다'
csurr-an'한번 출렁 흐르다'
'명사 파생접사': vagy-on'재산'

4) 다의 파생접사(poliszemantikus)

a) -ság/-ség i) '집합명사' (katona-ság'군대', erdő-ség'숲')
ii) '지명' (Nyír-ség, Mező-ség)
iii) '추상명사' (jó-ság'선함', igaz-ság'진리', tanul-ság'교훈')
iv) '개인, 개체'(fele-ség'아내', asszony-ság'아내, 마누라')
v) '직업' (követ-ség'사절, 공사의 직책')

b) -s i) '무엇이 있는' (seb-es'상처가 있는', hamu-s'재가 있는')
ii) '무엇과 비슷한' (kék-es'푸르스름한')
iii) '무슨 특성이 약간 있는' (bolond-os'어리석은', bolond '미친, 바보같은')

3.2.3. 파생접사의 형태

파생접사의 형태는 헝가리어의 일반 접사가 어근과 결합하면서 나타나는 일반 현상과 결부되어 있다. 어기와 파생접사가 결합할 때, 모음조화, 어말 저모음

a/e의 장음화 등은 규칙적으로 적용된다. 그러나 어말 음절구조와 관련된 접속모음의 문제는 문법접사의 결합과는 다른 모습을 보인다. 문법적 접사 결합은 음절구조의 최소화를 지향하는 언어적 경제성의 차원에서 작동하지만, 파생접사의 결합은 언어적 경제성과는 다른 차원에서 자의적으로 작동한다.

예를 들어 파생접사 -gat/-get의 경우, 단음절 어기에는 접속모음이 있는 변이형이 결합되고, 다음절 어기에는 접속모음이 없는 변이형이 결합됨으로써 최종적 파생어의 음절수가 3음절로 동일해지는 효과를 나타낸다.

어기	파생접사	문법접사
vár'기다리다'	vár-ogat'마냥 기다리다'	vár-nak(*vár-onak)
tanít'가르치다'	tanít-gat'건성 가르치다'	tanít-otok(*tanít-tok)

그러나 사동접사의 경우는 반대로 단음절 어기에는 짧은 접사형 -at/-et을, 다음절 어기에는 긴 접사형 -tat/-tet을 적용함으로써 파생어의 길이가 어기의 음절수에 따라 확연히 차이를 나타내는 예도 있다.

단음절 어기	파생접사 -at/-et
vár'기다리다'	vár-at'기다리게 하다'
ad'주다'	ad-at'주게 하다'
ír'쓰다'	ír-at'쓰게 하다'

다음절 어기	파생접사 tat/-tet
tanít'가르치다'	tanít-tat'가르치게 하다'
legel'풀뜯다'	legel-tet'풀을 먹이다'
olvas'읽다'	olvas-tat'읽히다'

3.2.4. 연속파생(képzők halmozása)

파생접사는 문법범주를 표현하는 기호형태소나 어미형태소와는 달리 동일한 범주의 단어에 일반적으로 사용되지 않는다. 그러나 헝가리어의 파생접사 가운데 문법접사와 유사한 기능을 하는 파생접사들이 있다. 예를 들어 동사에서 명사를 파생하는 접사 -ás/-és, -at/-et나 또는 가능 또는 허락 의미를 나타내는 동사 파생접사 -hat/-het, 사동 의미 파생접사 -tat/-tet는 문법접사처럼 대부분의 동사에 일반적으로 적용된다.

또한 헝가리어의 접사는 교착어적 특성으로 인하여 그것이 파생접사든 문법접사든 연속적으로 결합이 가능하기 때문에 일반적으로 적용이 가능한 파생접사에 의해 파생된 단어는 다시 연속 파생에 의해 또 다른 단어를 파생할 수 있으므로 엄청난 수의 단어가 만들어질 수 있다.

어기	파생어	연속파생어
a) lakik‘거주하다’	lak-hat‘살아도 된다’	lakhat-ás‘거주’
b) tesz‘행하다’	te-het‘할 수 있다’	tehet-ős‘부유한’

파생접사 -hat/-het는 문법접사 특성을 가진 접사로서 대부분의 동사와 결합이 가능하다. 이 파생동사가 다시 어기가 되어 연속 파생이 되면 특정한 의미를 갖는 새로운 어휘가 생겨나는 것이다.

반대로 문법접사가 파생접사와 같은 특성을 지닌 경우도 있다. 헝가리어의 동사 파생접사 -ít, -odik/-edik/-ödik가 형용사와 결합할 때 형용사의 비교급 형태를 어기로 취하는데, 이 때 비교급 문법접사 -bb는 파생접사의 앞에 위치하게 되므로 파생접사 기능(képzőszerű)을 하는 문법접사로 해석된다:

어기	파생어	연속파생어
nagyobb‘더 큰’	nagyobbít‘확대하다’	nagyobbítás‘확대(함)’
	nagyobbodik‘확대되다’	nagyobbodás‘확대(됨), 자람’

파생접사는 그 형태구조에 따라 단순 파생접사(egyszerű képző)와 복합 파생접사(összetett képző)로 구분된다. 단순 파생접사는 형태적으로 자음 하나 또는 1음절 형태로 단순하다. 복합 파생접사는 둘 이상의 단순 파생접사로 연결된 형태로서 연속 파생과 구분하기가 어렵다. 그러나 어기와 파생어 사이에 중간 단계의 파생어가 없을 때, 또는 중간단계 파생어가 있더라도 의미의 변화가 일어나는 경우에는 접사 묶음 자체를 복합 파생접사라고 한다.

복합 파생접사	어기	중간단계	파생어
a) -kás/-kés	édes'달콤한'	*édes-ke	édes-kés'달착지근한'
-lagos/-leges	vagy'혹은'	*vagy-lag	vagy-lagos'양자택일의'
	érdem'공로'	*érdem-leg	érdem-leges'정곡을 찌르는'
b) -ható/-hető:	megvalósít'실현시키다'		megvalósít-hat '실현시킬 수 있다' megvalósít-ható '실현가능한'(가능+수동)
	elemez'분석하다'		elemez-het'분석할 수 있다' elemez-hető '분석가능한'(가능+수동)
c) -hatatlan/-hetetlen:	halaszt'미루다'		halaszt-hat'미룰 수 있다' halaszt-hatatlan'지체불가능한' (가능+수동)
	ment'구출하다'		ment-het'구출할 수 있다' ment-hetetlen'구출될 수 없는' (가능+수동)

d) -hatnék/-hetnék: sír'울다' sírhat'울 수 있다'
sírhatnék [4]'울고싶은 심정'
(가능+명사)

3.2.5. 파생접사의 생산성(produktivitás)과 빈도(gyakoriság)

일반적으로 접사의 생산성(termékenység, produktivitás)은 규칙적이고 예견가능한 특성을 뜻하는데, 파생법에서는 이보다 더 중요한 특성으로 현재에도 새로운 단어를 만드는데 사용되는가 여부이다. 새로운 단어를 만드는데 사용되고 있으면 생산적(termékeny, produktív)이며, 이에 반해 새 단어를 만드는데 더 이상 사용되지 않는 파생접사는 비생산적(terméktelen, improduktív)이다.

따라서 파생접사의 생산성은 현대에 새로 개발된 물건들, 기술품과 관련된 개념들, 새로운 과학기술에 대한 개념을 표현하기 위한 어휘에 적용되었는지 여부와 관련된다.

1) 생산적 파생접사

동사 파생접사	-z	ketchupöz'케첩 넣다',	grillez'그릴하다'
	-zik	internetezik'인터넷하다'	számítógépezik'컴퓨터하다'
		szaunázik'사우나하다'	videózik'비디오 보다'
		hamburgerezik'햄버거먹다'	pizzázik'피자먹다'
		diszkózik'디스코가다'	kempingezik'캠핑하다'
		dzsúdózik'유도하다'	teakwandózik'태권도하다'
	-l	faxol'팩스보내다'	printel'프린트하다'
		raftingol'래프팅하다'	trekkingel'트래킹하다'

4) 복합파생접사 -hatnék은 동사 파생접사 -hat + -nék'1인칭 단수 조건법 주어적 변화형'의 결합이지만 명사 파생접사이다: sírhatnékja van.'(그는) 울고 싶은 기분이다'(소유문 구조)

	rappel‘랩하다’	doppingol‘도핑하다’
-ál	install	installál‘설치하다’
	edit	editál‘편집하다’
-kodik/-kedik/-ködik, -skodik/-skedik/-skdik		
	rektor‘총장’	rektorkodik ‘대학총장직을 수행하다’
	bankár‘은행가’	bankárkodik‘은행가로 일하다’
명사 파생접사: -ás/-és	államosítiás‘국유화’	túlteljesítés‘초과달성’
	internetezés‘인터넷(하기)’	lobbizás‘로비(하기)’

파생접사의 생산성을 규정하는 것은 쉽지 않은데, 이는 대부분의 생산적 파생접사가 다의적이며, 모든 의미에서 생산적이지는 않기 때문이다. 예를 들어 -ás/-és는 ‘동작의 연속’ 의미로는 생산적으로 사용되지만, ‘동작의 결과‘를 나타내는 파생접사로서는 비생산적이 되어 가고 있다.

그러나 파생접사의 생산성은 파생된 단어의 수의 많고 적음과는 무관하게, 새 단어를 만들 수 있는지 여부와 관련되어 있다. 명사 파생접사 -ás/-és와 -zat/-zet는 생산적 파생접사이지만 전자는 파생어의 수가 많은 데 반해, 후자는 파생어의 수가 적다. 또한 더 이상 사용하지 않는 비생산적 파생접사가 새로이 부활하여 사용되는 경우도 있다. 현대 인터넷 시대의 신조어로서 böngész‘검색하다’ 는 헝가리 고유어휘 bönge‘가지에 남은 과일들’에 더 이상 사용되지 않는 동사 파생접사 -ész(ik)가 결합되어 만들어진 파생동사이다. 이 경우 동사 파생접사 -ész(ik)는 생산적인 파생접사가 된 것이다.

2) 비생산적 파생접사

언어개혁 시대에 만들어진 파생접사들 가운데 더 이상 사용되지 않는 파생접사가 많다. 이들 비생산적 파생접사는 새로운 단어를 만드는데 사용되지 않지만 헝가리 어휘의 부분을 이루는 단어들에 사용되고 있으므로 여전히 헝가리어 고유의 파생접사들이다.

동사 파생접사

-dácsol/-décsel:	buk-dácsol'비틀거리다'	szök-décsel'살살도망가다'

명사 파생접사

-ály/-ély :	szab-ály'규칙'	vesz-ély'위험'
-aj/-ej:	zörej'소음'	röhej'너털웃음'
-tyú/-tyű:	billentyű'건반, 자판'	dugattyú'피스톤'
	emeltyű'지렛대'	pörgettyű'팽이'

파생접사의 생산성과 함께, 사용 빈도(gyakoriság)에 따라서 빈번하게 사용되는(gyakori) 파생접사와 드물게 사용되는(ritka) 파생접사로 구분하기도 한다. 파생접사의 생산성과 빈도는 반드시 일치하지 않는다. 사용빈도가 높지만 생산적이지 않은 파생접사가 있는가 하면 빈번하게 사용되지는 않지만 새로운 단어를 만드는데 사용되는 생산적 파생접사가 있기 때문이다.

a) 빈번하면서 생산적인 파생접사

문법적 접사와 같이 특정 범주의 단어에 일반적으로 사용되는 파생접사들이 이에 속한다. 예를 들어 동사 파생접사 가운데 문법적 특성이 강한 가능의 파생접사 -hAt가 이에 속하며, 분사형 접사에서 전성된 명사 파생접사 -ó가 대표적이다.

-hat/-het : ír-hat'적을 수 있다', olvas-hat'읽을 수 있다', talál-hat'찾을 수있다'
-ó : túlóráz-ó'초과근무자'

b) 빈번하지만 더 이상 생산적이지 않은 파생접사

-ászik/-észik:	bogár'딱정벌레'	bogar-ászik'꼼꼼히 처리하다',
	legel'풀을 먹다'	legel-észik'평화롭게 풀을 뜯다'

c) 빈번하지 않고 생산적이지 않은 파생접사

-dék:	aján-dék'선물'	szán-dék'의도'

-tyú/-tyű:	dugat-tyú'피스톤'	billen-tyű'자판'

3.2.6. 파생접사의 형성과 소멸

헝가리어의 파생접사는 단어의 형성과 마찬가지로 한정된 자음과 모음에서 이들의 조합과 합성에 의해 형성되어 왔다. 이 장에서는 헝가리 파생접사의 역사적 형성과정과 형성방법에 대해 간략히 살펴보기로 한다.

3.2.6.1. 파생접사의 형성

1) 자음 또는 모음에서 형성된 파생접사

헝가리어가 우랄어-핀우그르어-우그르어의 분기과정을 거치면서 독자적 언어로 발전하는 과정에서 파생접사는 대부분 하나의 자음 또는 모음에서 형성된 것이었다. 원시조어 시대의 파생접사는 음성형식이 자음(-t, -d, -s, -sz, -k, -g, -l, -r, -m, -n)이거나 모음이더라도 사실은 모음화된 자음(β, γ)에서 생겨났다. 원시조어에서는 동사와 명사의 구분이 없이 쓰이는 단어들이 많았고[5], 또한 파생접사와 문법접사도 동일한 음성형식의 동음이의 형태로 쓰여 구별이 가능하지 않았다.

파생접사	명사파생	동사파생
-k :	far-ok'꼬리,축약의미'	ser-k-en'북돋우다, 순간 동작'
-l :	lep-el'덮개'	les-el'숨어서 기다리다'

동일한 파생접사가 동일한 어기와 결합하여 명사와 동사를 형성하기도 하였다.

5) 이는 원시 헝가리어 시대로부터 유래한 어휘들 가운데 품사가 명사이면서 동시에 동사인 동음이의어가 많은 것에서도 확인된다: fagy[1]'서리', fagy[2]'얼다'; les[1]'매복', les[2]'지켜보다'

-ász/-ész:	vad-ász'사냥군'	vad-ászik'사냥하다'
	epr-ész'딸기농사군'	epr-észik'딸기따다'

파생접사가 명사어기와 동사어기에 동시에 결합하기도 한다.

파생접사	명사어기	동사어기
-s :	víz'물' - vizes'물기있는'	tilt'금하다' - tilos'금지의'
	erő'힘' - erős'강한'	csavar'돌리다' - csavaros'나선형의'

2) 독자적인 단어가 교착(agglutináció)에 의해 파생접사가 된 경우

단어	→ 파생접사	
hat'나아가다'	-hat/-het'가능의 동사 파생접사'	tanul-hat'배울 수 있다'
ság'언덕, 무더기'	-ság/-ség'명사 파생접사'	igaz-ság'진실'
nő, né'여자'	-né'여성명사 파생접사'	szakács-né'요리사부인'

3) 외래 파생접사가 헝가리 파생접사가 된 경우

-ista[6)]	pápa'교황'	páp-ista'교황절대주의자'
	Kálvin'칼뱅'	kálvin-ista'칼뱅주의자'
-izmus	latin'라틴어'	latin-izmus'라틴어식 표현'
	germán'게르만어'	german-izmus'독일어식 표현'

6) Vörösmarty의 királyista'왕정파', Pázmány의 ördögista'마귀파'

4) 파생접사를 두번 반복하여 결합한 형태[7]

		어기	파생어
동사 파생접사	-lal/-lel:	fog'잡다'	foglal'차지하다'
		hízik'살찌다'	hízlal'살찌우다'
	-tat/-tet:	ázik'젖다'	áztat'적시다'
		ül'앉다'	ültet'심다'
형용사 파생접사	-dad/-ded:	kis'작은'	kisded'자그마한'
		édes'단맛의'	édesded'달콤한'
		gömböly'둥근'	gömbölyded'둥그스름한'

두 개의 파생접사가 결합되어 새로운 의미를 지니는 파생접사가 생겼다. 동일한 파생접사를 반복하여 하나의 음절적 파생접사를 만들거나 유사한 의미를 갖는 두 파생접사를 결합하기도 하고, 서로 다른 파생접사를 결합하여 만들기도 했다.

5) 비슷한 기능을 하는 파생접사의 결합

두 개의 반복동작 파생접사 또는 순간 동작의 파생접사를 결합한 것

a) -md/-ml: -m'순간 동작 파생접사' + -d/-l'순간 동작 파생접사'

csúszik'미끄러지다'	csuszamodik	csuszamlik'더 아래로 미끄러지다'
futam'소절'	futamodik	futamlik'소절을 이어가다'
szólam'멜로디'		szólamlik'멜로디 소리나다'

7) 이들 파생접사는 언어사에서 원래의 짧은 파생접사 -t, -l, -d를 대체하여 오히려 긴 형태를 취한 경우이다: áztó → áztató, ízel → ízlel, kicsid - kisded

b) -dokol/-dekel/-dököl: -dok-dek/-dök + -l

fal'꿀꺽 삼키다'	faldok	faldokol'꿀꺽 꿀꺽 삼키다'
nyel'삼키다'	nyeldek	nyeldekel'겨우겨우 삼키다'

c) -cske/-cska: -cs + -ka/-ke[8]

kő'암석, 돌'	kövecs	kövecske'작은 돌'
bújik'숨다'	*bújócs	bújócska'술래잡기'

-óka/-őke: -ó/-ő + -k + -a/-e

Katalin'카탈린'	Kató(애칭)	Katók(애칭)	Katóka(애칭)

a)의 -m, -d, -l 은 순간 동작 파생접사인데, 이들이 결합한 것이고, b)의 -dok, -l은 반복 동작 파생접사의 결합이다. c)의 경우는 -cs와 -ka/-ke 지소의 파생접사들이 결합한 것이다.

6) 서로 다른 파생접사의 결합에 의해 생긴 파생접사

-l + -kodik/-kedik/-ködik: -l'동작 동사 파생접사' + -kodik'재귀동사 파생접사'

rest'게으른'	rest-elkedik'수줍어하다'
társ'동료'	társ-alkodik'말상대해주다'
büszke'자랑스러워하는'	büszké-lkedik'자랑스러워하다'
dajka'유모'	dajká-lkodik'돌보아주다'

-skodik/-skedik/-sködik: -s'형용사 파생접사' + -kodik'재귀동사 파생접사'

kedv'좋아함'	kedv-eskedik'호의를 베풀다'

8) 파생접사 -ka 몰다우의 창고 csángó 지방에서 여성명사 파생접사 magyarka'헝가리 여자'이다.

-más/-més: m'순간 동작 파생접사' + -ás/-és'명사 파생접사'

áll'서다'	állomás'철도역'
lát'보다'	látomás'환영'
hall'듣다'	hallomás'풍문'

-dalom/-delem: -d'동사 파생접사' + -alom/-elem'명사 파생접사'

jön'오다'	jövedelem'수입, 소득'
vész'재해, 폭풍우'	veszedelem'위험, 재난'

-gat/-get: -g'반복 동작 파생접사'+ -at/-et'사동 파생접사'

mozog'움직이다'	mozgat'움직이게 하다'
forog'돌다'	forgat'돌리다, 회전시키다'

-dít/-dul: -d'동사 파생접사' + -ít'사동 파생접사', -d + -ul'자동 파생접사'

forog'계속돌다' fordít'방향을 돌리다' fordul'한번 돌다'

-sdi: -s'형용사 파생접사' + -d'지소 파생접사' + -i'형용사 파생접사'

dió'호두'	diósdi'지명'
huny'눈가리다'	hunyósdi'술래잡기(놀이)'

-zat/-zet: -z'동사 파생접사' + -at/-et'명사 파생접사'

bolt'둥근 지붕'	boltozat'아치형 천정'
csillag'별'	csillagzat'천체'
ruha'옷'	ruházat'의복, 복장'

3.2.6.2. 파생접사의 소멸[9]

반복의 파생접사 -dogál, -degél은 16-17세기에는 활발히 사용되었으나 (csúszdogál, nődögél, böfögdögél) 현재는 몇몇 동사에서만 나타나며, 오늘날 매우 생산적인 반복의 파생접사 -gat, -get 에 의해 대치되었다.

원시조어의 단순형 파생접사는 후에 생긴 복합 파생접사에 의해 대체되는 것이 일반적 현상이었다. -m이 -ml, -md 로 대체되었고, 반복의 파생접사 -r (ti-po-r)는 복합형태 파생접사 -rog/-reg/-rög (csep-ereg)에서 그 흔적을 찾을 수 있으며, 명사에서 동사 파생접사 -h 는 bűn-h-ődik'속죄하다', hír-h-edt'악명높은'에 잔재형태로 남아있다.

언어개혁 시대에는 반대로 긴 파생접사들을 짧은 파생접사로 바꾸었다.

-delem/-dalom: győzedelem - győzelem'승리', győzelmes'승리의'
győzedelmeskedik'승리를 거두다'
diadalom - diadal'승리', diadalmas'승리를 거둔'

역사적으로는 두 파생접사의 결합이었으나, 하나의 파생접사로 간주되는 감춰진 파생접사(lappangó képző)가 있다: 명사 파생접사 -ás/és, -ár/ér은 -i + -s, -i + -r 의 결합으로 생긴 접사인데, -á, -é를 어말모음이 파생접사와 결합하면서 장음화된 것으로 여기는 경우도 있다: dob-ál, nyargal-ász

4. 헝가리어의 파생접사

이 장에서는 현대 헝가리어에 존재하고 사용되는 파생접사를 그 통사적 파생 기능과 의미적 파생 기능을 기준으로 분류하여 기술한다. 파생접사의 통사적 파생 기능이란 어기의 품사를 바꾸거나, 어기의 통사적 의미 기능을 변화시키

9) Bárczi Géza(1967), Magyar nyelv története 321쪽 참고.

는 기능을 말한다. 의미적 파생기능은 어기의 품사나 통사적 의미 기능이 변하지 않으면서 어휘적 의미만 변하게 하는 기능을 뜻한다. 이를 기준으로 동사 파생접사는 어기의 품사와 논항구조에 변화가 일어나는 통사적 파생접사와 동사의 동작 양식 또는 가능의 의미를 첨가하는 의미적 파생기능 접사로 구분된다. 명사 파생접사는 명사에서 명사를 파생하는 경우에는 의미적 파생이지만 다른 품사의 어기에서 명사가 파생되는 경우에는 통사적 파생이다. 동사를 제외한 다른 품사의 파생은 명사, 형용사, 부사파생접사의 순서로 구분하고 각각의 파생접사는 그 의미적 특성이나 어기의 품사에 따라 구분하여 정리한다. 헝가리어의 파생접사는 대부분 어근의 모음에 따른 모음조화 변이형을 가지므로, 이후 파생접사의 모음 표시는 기저 모음으로 다음과 같이 표기한다:

기저모음	파생접사
A - a/e	-At: -at/-et
Á - á/é	-Ás: -ás/-és
O - o/e/ö	-kOdik: -kodik/-kedik/-ködik
Ó - ó/ő	-Ós: -ós/-ős, -Ódik: -ódik/-ődik
U - u/ü	-Ul: -ul/-ül
Ú - ú/ű	-Ú: -ú/-ű

4.1. 동사 파생접사

4.1.1. 동사에서 동사 파생접사(deverbális verbumképzők): V → V

헝가리어에서 동사에서 동사를 파생하는 접사는 주로 어기동사의 동작 양식이나 동사의 성을 변화시키는 기능을 한다. 어기 동사에 반복성 또는 순간성과 같은 의미를 나타내는 파생접사는 동사의 논항구조는 변하지 않은 채 동사 동작의 어휘적 의미만 변화시킨다. 반면에 동사의 성을 변화시키는 파생접사는 사동 파생접사, 피동 파생접사, 재귀, 중간 동사 파생접사 들로서 어기 동사의 통사적, 의미적 변형을 가져오는 접사들이다. 이 밖에 동사동작의 가능성, 허가 등을 나타내는 가능의 파생접사 -hat/-het 가 있다.

1) 반복동작 파생접사
2) 순간동작 파생접사
3) 사동사 파생접사
4) 피동사 파생접사
5) 중간동사 파생접사
6) 가능동사 파생접사

4.1.1.1. 반복동작 파생접사

-gAt: -gat/-get(-ogat, -eget, -öget)

반복되는 동작, 계속적 동작을 나타내는 파생접사 가운데 가장 생산적인 접사이다. 1음절 어근에는 접속모음과 함께, 2음절 이상 어근에는 접속모음 없이 결합한다.

	어기	파생어
a)	bé!	béget'양·염소 등이 매애하고 울다, 배(bé)-거리-다'
	ú!	ugat'개가 짖어대다, 우(u)-거리-다'
	jaj!	jajgat'한탄하다, 여이(jaj)-거리다'
b)	néz'바라보다'	nézeget'두리번거리다'
	int'손짓을 까딱하다'	integet'손짓하다'
	ír'쓰다'	írogat'자주 편지쓰다'
	isz-ik'마시다'	iszogat'계속 마시다'
c)	sző'천을 짜다'	szövöget'천짜는 일을 하다'
	van'있다'	vagyogat'그저 그렇다'

mos'닦다' mosogat'설거지하다'
!hall'듣다' hallgat'경청하다'

d) beszél'말하다' beszélget'대화하다',
tanul'공부하다' tanulgat'건성으로 공부하다'
töröl'물기닦다' törölget'마른행주질하다'
dolgozik'일하다' dolgozgat'쉬어가며 일하다'
felel'대답하다' felelget'이어서 대답하다'
gyanúsít'의심하다' gyanúsítgat'계속 의심하다'

a)는 의성동사들로서 어기 bé, u, jaj는 동사가 아니라 단순한 '음성'이고 반복적 의미를 나타내는 접사 -gat/-get에 의해 어기의 음성을 반복적으로 내는 의미의 동사가 만들어진 것이다. 여기서 파생접사는 어기를 동사로 만드는 품사지정기능을 한다. 한국어의 의성, 의태어 파생접사 '-거리(다), -대(다)'와 비슷한 기능을 한다. b), c), d)는 어기 동사에 접사가 결합되어 반복적 동작이 표현된 파생동사들이다. b), c)와 같이 어기가 1음절 어근에는 파생접사가 접속모음이 있는 형태 -ogat, -eget, -öget 이고, d)와 같이 어기가 2음절 이상의 어근이면 접속모음 없는 형태의 파생접사 -gat/-get와 결합한다. 그러나 1음절 동사이면서 접속모음이 없이 결합하는 경우도 있다: hallgat.

-Ong: -ong/-eng/-öng(-ang, -ing)
반복과 계속적 동작을 나타내는 파생접사이며, 기초어와 파생어가 모두 자동사이다.

어기	파생어
a) hajlik'굽히다'	hajlong'몸을 계속 굽혀 인사하다'
tol'밀다'	tolong'군중이 모여들다'
forr'끓다'	forrong'들끓다'
esik'떨어지다'	eseng'애원하다'

b) zsib- zsibong'웅성웅성 소음이 계속되다'
vis- visong'날카롭게 소리치다'(vis-ít)
bor- borong'구름이 덮히다'(bor-ít)

c) jaj- jajong'탄식하다'(jajgat와 뜻이 같음)
ujj- ujjong'환성을 올리다'

반복과 계속적 동작을 나타내는 파생접사이며, a)에서와 같이 어기와 파생어가 모두 자동사이다. b)의 어기 zsib-, vis-, bor-는 동일한 어기에서 파생된 동사 zsib-og, vis-ít, bor-ít 와의 대응을 통해 분석되는데, 헝가리어에는 이렇게 어기가 불완전한 동사의 경우 또 다른 파생접사에 의해 대응짝을 이루는 동사들이 있는 것이 특징적이다. 이 접사는 반복의 파생접사 -gat/-get와 상보적 관계에 있는데, c)의 jajong 동사는 jajgat와 같이 쓰이기도 한다.

zsib-	*zsibogat	- zsibong
vis-	*visogat	- visong
bor-	borogat	- borong
jaj-	jajgat	- jajong

-g

반복적 동작을 나타내는 의성동사와 의태동사를 만드는 파생접사이다. 소리, 모습을 표현하는 어기와 결합하여 동사를 파생하는데, 순간적 동작을 나타내는 대응짝을 통하여 어기가 드러난다. 즉 반복적 의미를 나타내는 파생접사는 -g/-og/-eg/-ög이고, 순간적 동작을 나타내는 접사는 -an/-en이다. 이들은 빈도는 높지만, 더 이상 생산적이지 않은 파생접사이며, 1음절 어근에 결합된다. 순간 동작 접사 -an/-en은 대부분 장자음이 있는 어근형과 결합하여, 동작의 순간성을 고조시킨다.

어기	-g(반복적 의미)	-n(순간적 의미)
a) csatt-	csattog'찰싹/딸깍거리다'	csattan'찰싹 소리나다'
csob-	csobog'철썩거리다'	csobban'철썩 소리나다'
durr-	durrog'총소리가 나다'	durran'펑 소리나다'
hars-	harsog'날카로운 소리가 계속나다'	harsan'날카로운 소리가 나다'
lob-	lobog'흔들거리다'	lobban'흔들리다'
rob-	robog'덜컹대며 가다'[10]	robban'폭발하다'
patt-	pattog'계속 탁탁 소리나다'	pattan'탁 소리나다'
serc-	serceg'마찰소리가 계속나다'	sercen'짧은 마찰소리가 나다'
suh-	suhog'휙휙거리다'	suhan'휙 소리내다'

csattog: Csattog az olló.'가위가 철컥거린다'
csattan: Csattan az ostor a hátán.'그의 등에서 채찍이 철썩한다'
csobog: Csobog a patak.'개울이 졸졸 소리내다'
csobban: Csobban az evező.'노가 철썩 소리내다'

durrog: Durrog a puska.'총이 연발 소리낸다'
durran: Durran a puska/a pezsgősüveg.'총이/샴페인병이 펑하고 터진다'

harsog: Harsog a rádió.'라디오의 날카로운 소리가 울리다'
harsan[11]: Harsan a kürt.'호른이 날카롭게 소리내다'

lobog: Lobog a zászló.'깃발이 흔들거리다'

---

10) 반복적 동작의 의성동사는 명사 파생접사가 결합되어 '소리'를 뜻하는 명사로 사용된다:
robog'덜컹대며 가다' - robogás'자동차 부릉소리'
csikorog'끽 소리나다' - csikorgás'브레이크소리'
suttog'소근대다' - suttogás'소근대는 소리'

11) 어기 hars-에서 파생된 어휘: 형용사 harsány와 명사 harsona'트럼본'
harsány trombita'쩌렁쩌렁 울리는 트럼펫'
harsány színű'야한 색의'

	Lobog a víz.'물이 부글부글 끓다'
lobban:	Utolsót lobban a gyertya.'촛불이 마지막 불꽃을 번쩍하다'

pattog:	Pattog a labda.'공이 탁탁 소리내며 튀기다'
pattan:	A labda a hálóba pattan.'공이 그물에 탁 소리내다'
	Pattan az ostor.'채찍이 휙 소리나다'

serceg:	Serceg a toll a papíron.'종이 위에 펜으로 쓰는 소리가 나다'
sercen:	Sercen a gyufa.'성냥이 휙 그어지다'

suhog:	Suhog a kasza.'낫으로 베는 소리가 나다'
suhan:	Suhan a vonat.'기차가 휙 소리내며 지나가다'

이 밖에 반복적 의미와 순간적 의미의 파생접사가 다른 파생접사와 대응짝을 이루는 예도 있다. 불완전 어근이 어기인 파생동사들 대부분 다른 파생접사에 의한 대응짝들을 갖고 있는 점이 특징적이다.

b) 반복 동사	순간 동사
zeng'맑은 소리가 울려퍼지다'	zendül
reng'빙글빙글 돌다'	rendül

그러나 동사, 명사, 부사 등 완전어근과 결합하여 반복적 의미의 동사를 파생하기도 한다.

c) 어기	파생어
csavar(vmit)'조이다, 돌리다'	csavarog'배회하다'
füstöl(vmit)'연기쐬다'	füstölög'연기나다'
oldal'옆면'	oldalog'이쪽 저쪽 방향을 바꿔가며 가다'
közel'가까이'	közeleg'가까이 가다, 근접하다'

-Oz(ik): -oz(ik)/-ez(ik)/-öz(ik)

반복과 계속의 의미를 나타내며, 주로 -d, -t 로 끝나는 동사와 결합한다.

어기	파생어
a) hord'나르다'	hordoz'계속 나르다'
kérd'묻다'	kérdez'질문하다'[12]
told'덧붙이다'	toldoz'여러 번 덧대다'
önt'물을 붓다'	öntöz'(식물에) 물주다'
köt'묶다'	kötöz'붕대를 감다'
b) éled'깨다'	éledezik'천천히 깨어나다'
álmodik'꿈꾸다'	álmodozik'공상에 빠지다'
kiált'소리치다'	kiáltozik'계속 소리지르다'
ordít'소리지르다'	ordítozik'계속 소리지르다'
sóhajt'한숨쉬다'	sóhajtozik'계속해서 한숨쉬다'
ijed'놀라다'	ijedezik'계속해서 놀라다'
hallgat'듣다'	hallgatózik'엿듣다'

-Ász(ik): -ász(ik)/-ész(ik)

비-생산적이고 드문 파생접사로서, 계속되는 동작이나 세분된 작은 동작을 나타낸다.

어기	파생어
a) karmol'할퀴다'	karmolász '발톱으로 할퀴다'
dalol'노래하다'	dalolász'흥겹게 노래하다'
hever'놓여있다'	heverész'늘어져 있다'
b) kotor'파내다'	kotorászik'샅샅이 뒤지다'

12) 반복 의미의 파생접사 -z와 - get가 중복 적용되기도 한다: kérd'묻다' kérd-ez'물어보다' kérd-ez-get'자꾸 물어보다'

legel'풀뜯다'	legelészik'천천히 풀을 뜯다'
nyargal'말달리다'	nyargalászik'장난스럽게 위아래로 달리다'
c) bönge'가지에 남은 열매'	böngész'주워 모으다, 검색하다'

-kOd: -kod/-ked/-köd

반복되는 동작을 나타내며, 특히 -p로 끝나는 어근과 결합한다.

어기	파생어
a) csap'치다'	csapkod'계속해서 치다'
lép'걷다'	lépked'매우 느린 걸음으로 가다'
nyom'누르다'	nyomkod'반죽하다'
köp'뱉다'	köpköd'침뱉다'
b) töm'채우다'	tömköd'계속 채우다, 때우다'
döf'찌르다'	döfköd'마구 찌르다'

-kOl: -kol/-kel/-köl(-akol, -ákol, -ékol, -ikol)

주로 의성어, 의태어의 어근에 결합되거나, 계속되는 동작을 나타낸다.

어기	파생어
a) hor-	horkol'코 골다'
prüsz-	prüszköl'코를 훌쩍거리다'
b) fröccs'소다수 포도주'	fröcsköl'물 튀기다'[13]
pisl-og'깜빡이다'	pislákol'빛이 깜빡거리다'

13) 순간동작 대응어 자동사 fröccsen'솟아 나오다, 튀기다', 타동사 fröccsent'내뿜다, 뿌리다'가 있다.

-kÁl: -kál/-kél(-ókál/-ikál/-ikél)

어기	파생어
búj-ik'숨다'	bujkál'은둔하다'
mász-ik'오르다'	mászkál'계속 기어올라가다'
nyúl'건드리다'	nyúlkál'계속 손을 넣다'
szunnyad'졸다'	szunyókál ~ szundikál'꾸벅꾸벅 졸다'

-gÁl: -gál/-gél(-igál)

반복되는 동작을 나타내며, b)와 같이 불분명한 어기와 결합된 예가 많다.

어기	파생어
a) húz'끌다'	húzgál ~ huzigál'잡아당기다'
kapar'긁다'	kapargál'긁어대다'
keres'찾다'	keresgél'찾아보다'
szalad'달려가다'	szaladgál'뛰어다니다'
nevet'웃다'	nevetgél'웃어대다'
b) ron-t'망가뜨리다'	rongál'망치다'
tasz-ít'밀다'	taszigál'난폭하게 떠밀다'
haj-ít'던지다'	hajigál'내던지다'

-Ol: -ol/-el/-öl

계속되는 동작을 뜻하며, 의성어, 의태어 어근과 결합한다.

어기	파생어
a) csah-	csahol'개나 여우가 날카롭게 울다'
kurutty-	kuruttyol'개구리가 개굴개굴 울다'
kakukk-	kakukkol'뻐꾸기가 울다'
dorомb-	dorombol'고양이가 기분좋은 소리를 내다'

kelep-	kelepel'덜컥거리다'
csörömp-	csörömpöl'깨질 듯 소리나다' (유리창)

재귀의 파생접사 -ódik/-ődik 와 함께 사용된 예

b) mozog'움직이다'	mozgol-ódik'이리저리 움직이다'
néz'바라보다'	nézel-ődik'건성으로 바라보다'

-dOzik: -dozik/-dezik/-dözik

반복적이고, 세분된 동작을 나타낸다.

어기	파생어
ámul'놀라다'	ámuldozik'경탄하다'
rémül'소스라치다'	rémüldözik'공포에 질리다'
játsz-ik'놀다'	játszadozik'노닐다'
ing~inog'흔들리다'	ingadozik'이리저리 흔들리다'
tör-ik'깨지다'	töredezik'서서히 부서지다'
hűl'식다'	hüledezik'당황하다'

-dOs: -dos/-des/-dös

반복적 동작을 나타내며, 1음절 어근과 결합한다.

어기	파생어
kap'받다'	kapdos'낚아채다'
rúg'차다'	rugdos'차버리다'
száll'날다'	szálldos'이리저리 날다'
vág'자르다'	vagdos'잘게 자르다'
nyel'삼키다'	nyeldes'계속 삼키다'

ver'때리다'	verdes'계속 때리다'
bök'찌르다'	bökdös'구멍을 뚫다'
lök'밀다'	lökdös'밀쳐대다'

-dAl: -dal/-del(-dál): 반복적 동작을 나타낸다.

어기	파생어
vág'자르다'	vagdal'잘게 자르다'
tör'깨다'	tördel'계속 부수다'
rúg'차다'	rugdal'이리저리 발로 차다'
harap'물다'	harapdál'잘근잘근 물다'

-dOkOl(ik): -dokol/-dekel/-dököl/-doklik/-döklik
1음절 어근과 결합하며, 반복적이고 세분된 동작을 뜻한다.

어기	파생어
fúl	fuldokol ~ fuldoklik'숨이 막혀 헐떡거리다'
nyel'삼키다'	nyeldekel'어렵게 삼키다'
hal'죽다'	haldokol ~ haldoklik'죽어가다'
tűn-ik'나타나다'	tündököl ~ tündöklik'번쩍번쩍 빛나다'

-dOgÁl: -dogál/-degél/-dögél: 지속적 동작을 나타낸다.

어기	파생어
él'살다'	éldegél'겨우겨우 살아가다'
foly-ik'흐르다'	folydogál'천천히 흐르다'
fúj'불다'	fújdogál'바람이 살살 불다'
megy'가다'	mendegél'천천히 걷다'
ül'앉다'	üldögél'하염없이 앉아있다'

sír'울다'	sírdogál'울어대다'

이 밖의 반복 파생접사

	어기	파생어
-kos	fut'뛰다'	futkos'이리저리 뛰어 다니다'
-Ál: -ál/-él	dob'던지다'	dobál'번갈아 던지다'
-dÁcsOl: -dácsol/-décsel		
	buk-ik'잠수하다'	bukdácsol'파도를 헤치고 나아가다'
	nyög'고통받다'	nyögdécsel'신음하다'
-csÁl: -csál/-csél		
	farag'새기다'	faragcsál'칼로 조금씩 깎다'
	döng-	döngicsél'윙윙거리다'

또한 동일한 어기에 서로 다른 파생접사가 결합된 경우에 파생어의 의미가 다르다.

어기	파생어1	파생어 2
tát-	tát-og'입을 벌리고 있다(생물)'	tát-ong'(상처가) 벌어져 있다(무생물)'
kap	kap-kod'경솔히 하다(추상적)'	kap-dos'서두르다(구체적)'
röp-	röp-köd'한동안 이리저리 날다'	röp-dös'(날개만) 퍼덕거리다'

4.1.1.2. 순간동작 파생접사

-An: -an/-en

어기	파생어
a) rogy'내려 앉다'	roggyan'비틀거리기 시작하다, (건물이) 무너지기 시작하다'

szök-ik'달아나다'　szökken'훌쩍 뛰어넘다'

	어기	순간동작 파생어	(반복 동작 대응어)
b)	csatt-	csattan'찰싹 소리나다'	csattog'찰싹/딸깍거리다'
	csob-	csobban'철썩 소리나다'	csobog'철썩거리다'
	durr-	durran'펑 소리나다'	durrog'총소리가 나다'
	lob-	lobban'흔들리다'	lobog'흔들거리다'
	potty-	pottyan'톡 떨어지다'	potyog'똑똑 떨어지다'
	suh-	suhan'휙 소리내다'	suhog'휙휙거리다'
	locs-[14]	loccsan'철썩 튀기다'	locsog'재잘거리다'

a)의 어기 동사는 반복 동작을 나타내므로, 순간동작 파생접사 -an와 결합하여 대응짝이 만들어졌다. b)의 의성동사는 순간동작 파생접사-an와 반복 동작 파생접사 -g의 대응짝이 있다(반복 파생접사 -g 참고).

-int

	어기	파생어
a)	emel'올리다'	emelint'번쩍 올리다' (emelget '자꾸 들어올리다')
	csavar'돌리다'	csavarint'휙 돌리다' (csavargat'이리저리 돌리다')
b)	ér'닿다'	érint'살짝 닿다'
	sodor'꼬다'	sodorint'살짝 꼬다'

14) 순간동작 동사 loccsan에 대응되는 반복 동작 의미의 동사는 locsol'물뿌리다'이다. -g 파생접사와 결합한 동사 locsog'재잘거리다'은 의미가 전이되었다. 여기서 명사 locsogás'잡담, 수다'가 파생되었다. Sár loccsan a cipőjére.'진흙이 그의 구두에 철썩 튀긴다'

c) köh-	köhint'콜록하다'(köhög'콜록거리다')
ból-	bólint'고개를 까딱하다'(bólogat'끄덕거리다')
legy-	legyint'살짝 치다'(legyez'(바람을) 부치다')

동사의 논항구조에 변화없이 순간 동작의 의미를 나타낸다. a)의 어기는 타동사이며, 순간 동작 파생동사에 대응되는 반복 파생동사도 존재한다. b)의 어기 동사들은 그 지체가 반복 동사이므로 그 자체가 순간 파생동사와 대응된다. c)에서는 어기가 불완전 어근이므로 순간과 반복의 파생동사들이 존재한다.

-Ant: -ant/-ent

어기	파생어
hor-	horkant '갑자기 코고는 소리를 내다'(horkol'코골다')
kurj-	kurjant'환호하며 소리치다'(kurjongat)
vakk-	vakkant'개가 한번 짖다'
tüsz-	tüsszent'재채기하다'(tüszköl)

의성어. 의태어 어근에 가장 많이 나타나고, 어근의 끝 자음이 중첩된 형태가 많으며, 반복 파생접사 -g와 -ol/-el/-öl과 대응된다.

-ít

사동의 파생접사와 형태가 같지만, 파생접사 -int와 같이 순간동작 파생접사 기능을 하기도 한다. csavar'돌리다' csavarít'갑자기 홱 돌리다'(= csavarint)

-Amlik: -amlik/-emlik/-ámlik

어기	파생어
a) fél'무서워하다'	fél-emlik'놀라게 되다'
szűr'거르다'	szür-emlik'새다, 여과하다'(=szürődik)

csúsz-ik'미끄러지다'	csusz-amlik'아래로 미끄러지다'
b) hár-	hár-amlik'몫이 돌아오다, 몫을 받다'

빈도가 아주 낮으며, 순간 동작을 나타내지만, 어기의 의미에 따라 지속적, 동작의 시작 등을 표현하기도 한다. b)와 같이 의성 어기와 결합하여 일반 동사가 형성되기도 한다.

-Ad: -ad/-ed

동작의 시작을 표현하는 빈도가 높은 파생접사:

어기	파생어	타동사 대응어
a) ap-	apad'줄어들다'	apaszt'줄이다, 내리다'
dag-	dagad'붇다'	dagaszt'부풀게하다, 반죽하다'
rep-	reped'갈라지다'	repeszt'쪼개다'
has-	hasad'터지다'	hasít'찢다, 가르다'
szak-	szakad'갈라지다'	szakít'찢다'
b) bök'찌르다'	bököd[15] '쑤시다'	
c) éber'깨어있는'	ébred'깨어나다'	ébreszt'깨우다'
izzik[16] '열내다'	izzad'땀에 젖다'	izzaszt'땀나게 하다'
rag'격어미'	ragad'달라붙다'	ragaszt'붙이다'
tér'공간'	terjed'넓어지다'	terjeszt'확산시키다'
láz'열병'	lázad'저항하다'	lázít'선동하다'

a)와 같이 불완전 어기와 결합하여 자동, 수동 의미의 동사를 만든다. 이 접사는 일반적으로 타동, 사동 의미의 파생접사 -szt와 대응된다. b)에서 어기가 타

15) bököd와 같은 의미로 bökdös'쿡쿡 찌르다, 쑤시다'가 있다.

16) 동사 izzik의 본래의 뜻은'작열하다, 불붙다'이며, 이에 대응하는 타동사는 izzít'불붙이다'이다, '열내다, 열심히 하다'는 전이된 의미로서, izzad, izzaszt의 어기로 쓰인 것이다.

동사인 경우에 파생 동사는 지속적, 반복적 의미를 나타내기도 한다. c)의 어기는 자립적 어기로서 -ad 파생접사는 자동사를 만들며, a)와 같이 타동사 파생접사 대응짝을 갖는다.

-Odik: -odik/-edik/-ödik

주로 어기의 말음이 자음 l, ly, r로 끝나는 경우에 적용되며 재귀적 의미를 나타낸다:

	어기	파생어
a)	hábor-	felháborodik'분노하다'(háborog'동요하다')
	támoly-	megtámolyodik'비틀거리다'(támolyog'비틀거리다')
b)	összegöngyöl'둘둘 말다'	összegöngyölődik'휘감기다'

-dUl: -dul/-dül

대부분 의성어, 의태어와 결합하거나, 어근이 불분명하다.

	어기	파생어
a)	for-	fordul'돌다'(forog'빙빙돌다', fordít'돌리다')
	per-	perdül'돌다'(pereg'휘갈겨쓰다', perdít'돌게하다')
	pezs-	pezsdül'붐비다'(pezseg'거품이 일다', pezsdít)
	moz-	mozdul'움직이다'(mozog'계속 움직이다,' mozdít'움직이게 하다')
b)	in-	indul'출발하다'(ing'흔들리다', indít'출발시키다')
	len-	lendül'도약하다'(leng'돌다', lendít'도약시키다')
	kon-	kondul'(종)소리나다'(kong'종울리다', kondít'종치다')
c)	fáj'아프다'	fájdul'아프게 되다'(fájdít'아프게 하다')

이 파생접사는 자동사를 파생하며 타동사 파생접사 -dít와 대립된다. 그러나 기본적으로 반복 동작의 파생접사 -g 와도 대응된다. c) 와 같이 동사 어기와 결합하기도 한다.

-dít: 주로 수동의 어근에 결합되며, 파생된 단어는 사동 의미를 나타낸다.

어기	파생어
for-	fordít‘돌리다’(forog, fordul)
moz-	mozdít‘움직이게 하다’(mozog, mozdul)
per-	perdít‘축을 따라 돌게 하다’(pereg, perdül)
rán-	rándít‘잡아 뽑다’(rang, rándul)

4.1.1.3. 사동사 파생접사

‘사동‘의 개념은 본래 통사적 주어와 목적어가 있는 타동문에서 주어는 동작을 행하는 주체가 아니라 다른 사람에게 시키는 역할을 하는 것을 뜻한다. 헝가리어에서는 본래의 통사적 사동 기능을 하는 파생접사 -(t)At가 있다. 그러나 사동의 파생접사는 타동사뿐만 아니라 자동사와 결합하여 타동사를 파생하는 기제로 사용되기도 한다. 이 때문에 사동의 파생접사란 개념은 통사적으로뿐만 아니라 의미적으로도 해석하여 자동사에서 타동사를 파생하는 접사들을 통틀어 포함한다.

-(t)At: at/-et, -tat/-tet
사동의 파생접사 -(t)At는 일반적으로 어기의 음절 구조에 따라 짧은 변이형 -At와 긴 변이형 -tAt로 나뉘어 사용된다. 그러나 파생접사의 변이형은 어기의 음성적, 형태적 특징에 따라서 선택적으로 적용되거나 불규칙한 양상을 보인다.
-At: 주로 단음절 어기와 결합하지만 다음절 어기와도 결합한다.

어기	사동 파생어
a) mos‘닦다’	mos-at‘닦게 하다’
fest‘칠하다’	fest-et‘칠하게 하다’
b) hömpölyög‘넘실대다’	hömpölyg-et‘물결이 넘실거리게 하다’
forog‘돌다’	forg-at‘돌리다’

c) lő'쏘다' löv-et'쏘게 하다'
eskü̈szik'선서하다' esk-et'선서시키다'

-tAt: 주로 다음절 어기와 결합하며, tesz 유형 단음절 어기와 결합한다.

a) felel'대답하다' felel-tet'대답하게하다'
olvas'읽다' olvas-tat'읽히다'
fordít'번역하다' fordít-tat'번역시키다'
tanít'가르치다' tanít-tat'가르치게하다'
b) legel'풀뜯다' legel-tet'풀을 먹이다'
búcsúzik'작별하다' búcsúz-tat'보내주다, 고별사하다[17]'
cseleked-ik'행동하다' cseleked-tet'행동하게하다'
emlékez-ik'기억하다' emlékez-tet'회상하게하다'
foglalkoz-ik'일하다' foglalkoz-tat'일시키다'
elhallgat'입다물다' elhallgat-tat'입다물게하다'
c) tesz 유형의 단모음 어근
vi-sz'가져가다' vi-tet'가져가게 하다'
e-szik'먹다' e-tet'먹이다'
i-szik'마시다' i-tat'마시게 하다'
al-szik'자다' al-tat'재우다' (altató'자장가', altatószer'수면제')
fek-szik'눕다' fek-tet'눕히다'
nyug-szik'쉬다' nyug-tat'안심시키다'
d) 단모음 + t 로 끝나는 어근
jut'이르다' jut-tat'가게 해주다, 보내다'
üt'때리다, 치다' üt-tet'치게 하다'
e) 단음절 어근이면서 -tat/-tet를 취하는 동사들:
él'살다' él-tet'살리다'

---

17) 파생명사 búcsúztató'고별사, 조사'

kel'일어나다' kel-tet'일어나게 하다' (keltetőgép'부화기')

áz-ik'젖다' áz-tat'젖게 하다'

búj-ik'숨다' búj-tat'숨기다'

buk-ik'떨어지다' buk-tat'떨어뜨리다'

kop-ik'닳다' kop-tat'닳게 하다'

szop-ik'젖먹다' szop-tat'젖먹이다'

szűn-ik'멎다' szün-tet'멈추게 하다'

f) -tat/-tet 파생동사의 경우, 더 이상 사동이나 타동의 의미를 지니지 않는 동사들:

vág'자르다' vág-tat'질주하다'

lük'밀치다 (~lök)' lük-tet'맥박치다, 고동치다'

kopog'두드리다' kopog-tat'문을 두드리다'(az ajtón)

h) -at/-et 와 -tat/-tet 의 두 가지 파생접사 변이형을 갖는 동사 어근:

어기	-at/-et	-tat/-tet
vág'자르다'	vág-at'머리를 자르게 하다'	vág-tat'말이 내달리다, 질주하다'
jár'다니다'	jár-at'다니게 하다'	jár-tat'달리게·움직이게 하다'
nyom'누르다'	nyom-at'누르게 하다'	nyom-tat'인쇄하다'

-Aszt: -aszt/-eszt

자동사 어기와 결합하며, 특히 -Ad 파생동사와 대응하는 타동사를 파생한다. 명사 어기와 결합하기도 한다.

	어기	파생어
a)	él'살다'	éleszt'기분을 북돋우다, 살리다'
	forr'끓다'	forraszt'끓여서 굳히다'
	függ'달려있다'	függeszt'고정시키다, 매달다'
	ill-ik'맞다'	illeszt'맞추다'
	ugr-ik'뛰다'	ugraszt'뛰게 하다'
b)	ak-ad'걸려있다'	akaszt'걸다'
	ébr-ed'깨다'	ébreszt'깨우다'

er-ed'발원하다'	ereszt'빠져나가게 하다'
fár-ad'피곤해지다'	fáraszt'피곤하게 하다'
fejl-őd-ik'발전하다'	fejleszt'발전시키다'
porl-ad'증발하다'	porlaszt'증발시키다'
zsibb-ad'마비되다'	zsibbaszt'마비시키다'

c) 명사 어기와 결합

hamu'재'	hamvaszt'hamvaszt'재가 되게 하다, 화장하다'
lyuk'구멍'	lyukaszt'구멍을 뚫다'

-t: 주로 순간적 동작 파생접사 -an/-en가 있는 동사와 결합하여 타동사를 만든다.[18]

어기	파생어
serken'자극하다'	serkent'자극을 주다'
csöppen'뚝뚝 떨어지다'	csöppent'떨어뜨리다'
dobban'쿵쿵 울리다'	dobbant'심장을 뛰게 하다'
durran'폭음이 나다'	durrant'폭발음을 내다'
lobban'불붙다'	lobbant'불붙게 하다'
villan'번쩍하다'	villant'빛나게 하다'
retten'놀라다'	rettent'놀라게 하다'

-ít: 자동사를 타동사로 파생하는 접사로서, 대부분 비생산적 어근과 결합하여

18) 의성어, 의태어를 만드는 동작의 파생접사들은 반복과 지속 그리고 타동적 차이에 따라 다음과 같이 대응된다:

반복	순간	타동
dobog	dobban	dobbant
durrog	durran	durrant
lobog	lobban	lobbant
csepeg	cseppen	cseppent

예문: Csepeg a vére.'피가 뚝뚝 떨어진다'
Cseppen a zsír.'기름이 탁 튄다'
Zsírt cseppent.'기름을 튀게한다'

타동사를 만든다. 이와 대응되는 자동사 파생접사는 -Ul, -Ad 등이다.

	어기	파생어
a)	áll'서다'	állít'세우다'
	száll'날다'	szállít'운반하다'
b)	bor-	borít'덮다'(borul'덮이다')
	hár-	hárít'책임을 지우다'(hárul'책임이 지워지다')
	ker-	kerít'손에 넣다'(kerül'도달하다')
	tan-	tanít'가르치다'(tanul'배우다')
	tér-	térít'모이게 하다'(térül'가서 모이다, 정렬하다')
c)	has-	hasít'가르다, 쪼개다'(hasad'쪼개지다', hasogat'잘게 쪼개다')
	gyar-	gyarapít'증가시키다'(gyarapodik'증가하다')
	szak-	szakít'찢다'(szakad'찢어지다')

그 밖의 비생산적 사동 파생접사

어기	파생어	
-Ajt: -ajt/-ejt	szak-	szak-ajt'찢다'(=szakít)(szakad'찢어지다')
	szal-	szal-ajt'뛰게 하다'(szalad'달리다')
	fel-	fel-ejt'잊다, 망각하다'(feled'잊다')
-Al: -al/-el	nő'자라다'	nev-el'키우다'(nevelkedik'교육받다, 키워지다') (tanárt nevel a fiából. '아들을 교사로 키우다') növ-el'자라게 하다' (az eső növeli a vetést'비가 씨앗을 자라게 하다')
-lAl: -lal/-lel	fáj[19] '아프다'	fájlal'고통을 호소하다'

19) fáj'아프다' Fáj a szívem.'내 가슴이 아프다'

ér-ik'익다'	érlel'숙성시키다'
	(érleli a sajtot'치즈를 숙성시키다')
kér'청하다'	kérlel'청하게 하다'

4.1.1.4. 피동의 파생접사

-(t)Atik: -atik/-etik, -tatik/-tetik

헝가리어 피동의 파생접사는 사동의 파생접사와 동일한 형태이며, 변이형의 사용에 있어서도 유사하다. 그러나 -ik 동사이므로 항상 타동의 동작동사와 결합한다. 사용 빈도는 낮지만 생산적 파생접사이다.

어기	파생어
a) szül'낳다'	születik'태어나다'
ad'주다'	adatik'주어지다'
ír'쓰다'	iratik'쓰여지다'

4.1.1.5. 중간동사(mediális igék) 파생접사

능동적 동작을 나타내는 타동사와 결합하여 재귀적, 수동적 또는 지속과 반복의 의미를 표현하는 자동사를 파생하는 접사들이다. 이들 파생접사는 대부분 -ik 동사로서 헝가리어 문법서들에서는 재귀의 파생접사로도 일컫는다. 그러나 헝가리어의 -ik 동사들은 재귀적 기능이 쇠퇴하고 의미적으로 능동과 피동의 중간 상태를 표현하는 자동사이기 때문에 이들을 중간동사(mediális igék)라고 한다. 중간동사를 파생하는 파생접사들은 타동사 어기와 결합하며 동작의 결과

---

fájlal'아프다고 호소하다'
fájdít'아프게 하다'
fájdul'아프기 시작하다'(기동성),
fájdogál'때때로 아프다'(반복성)

A hasát fájlalja.'그는 배 아프다고 호소한다'
Fájdítja a szívemet.'내 마음을 아프게 한다'

가 주어에 미치는 재귀의 의미뿐만 아니라 수동, 지속, 반복 등의 다양한 의미를 나타낸다.

-Ódik: -ódik/-ődik

어기	파생어
a) 재귀적 의미	
húz'당기다'	húzódik'움츠리다, 물러나다'
ver'때리다'	verődik'부딪히다'
üt'치다'	ütődik'부딪히다, 충돌하다'
tegez'반말하다'	tegeződik'서로 반말하다, 말을 놓다'
b) 내적 발생 의미	
vonz'당기다'	vonzódik'이끌리다'
vív'싸워이기다'	vívódik'맞서 싸우다'
c) 피동 의미	
ért'이해하다'	értődik'이해되다'
kitud'알아내다'	kitudódik'알려지다, 밝혀지다'
elszigetel'차단하다'	elszigetelődik'차단되다'
sodor'돌리다'	sodródik'휩쓸려 돌게 되다'
zár'잠그다'	záródik'닫히게, 잠기게 되다'
d) 지속과 반복의 의미	
készül'채비하다'	készülődik'오래 준비하다'
les'훔쳐보다'	leskelődik'오래 훔쳐보다'
művel'일구다'	művelődik[20] '교양을 쌓다, 수양하다'
szervez'조직하다'	szerveződik'조직되다'
csúfol'비웃다'	csúfolódik'야유하다'
e) 명사 어기와 결합	

20) művelődés'교육, 교양, 문화'의 어기

tájék'지역, 영역' tájékozódik(=tájékozik)'(방향을) 알다'

-Ózik: -ózik/-őzik, -ódzik/-ődzik, -ozik/-ezik/-özik

어기	파생어
a) 재귀적 의미	
nyújt'벌리다'	nyújtózik'몸을 뻗다'
rejt'숨기다'	rejtőzik'숨다'
tart'지니다'	tartozik'소속되다, 속하다'
b) 상호 동작의 의미	
csókol'키스하다'	csókolózik~csókolódzik'서로 입맞추다'
kerget'쫓다'	kergetőzik ~ kergetődzik'서로 잡으러 쫓아다니다'
c) 내적 발생의 의미	
akar'원하다'	akarózik ~ akaródzik'하고 싶어하다'
vált'바꾸다'	változik'변하다'
d) 지속과 반복의 의미	
hallgat'듣다'	hallgatózik ~ hallgatódzik'주의 깊게 듣다, 경청하다'
fog'잡다'	fogódzik'꽉 잡다'
takar'덮다'	takarózik~takaródzik(takar)'계속 덮다'

변이형에서 -dz 형태는 구어형으로나 쓰이며, 단음형-oz/-ez/-öz는 드물게 쓰인다. lopódzik'숨어 들어가다'(과거에 반복의 파생접사-kod/-ked와 결합되어 사용되기도 했다: lop-ódz-kodik'오래동안 훔치다, 눈을 속이다', kéredzik ~ kér-edz-kedik'허락을 구하다').

-kOdik: -kodik/-kedik/-ködik, -kódik/-kődik

어기	파생어
a) 재귀적 의미	
mos'닦다'	mosakodik'세수하다'
emel'올리다'	emelkedik'솟아오르다'
fésül'빗다'	fésülködik'머리를 빗다'
ruház'옷 입히다'	ruházkodik'옷을 갖춰 입다'
kap'받다'	kapaszkodik'꽉 잡다'
b) 명사 어기와 결합	
terpesz'다리벌린 자세'	terpeszkedik'쫙 벌리다'
támasz'버팀대'	támaszkodik'받치다'
c) 상호 동작의 의미	
ver'때리다'	verekedik'서로 때리고 싸우다'
dúl'처부수다'	dulakodik'밀치고 싸우다'
árul'누설하다'	árulkodik'고자질하다'
c) 내적 발생의 의미	
perel'다투다'	perlekedik'화내다'
bánik'다루다'	bánkódik'슬퍼하다'
d) 부정적, 경멸의 뉘앙스	
köt'묶다'	kötekedik'시비를 걸다'
pöffed'담배 연기를 내뿜다'	pöffeszkedik'거드름 피우다'
e) 지속과 반복의 의미	
gondol'생각하다'	gondolkodik'사색하다'
bíz'맡기다'	bizakodik'희망을 갖다'
vél'생각하다'	vélekedik'의견을 내다, 판단하다'
eped'그리다'	epekedik'몹시 그리워하다, 갈망하다'
nyújt'뻗치다'	nyújtózkodik'기지개를 켜다'(=nyújtózik)

-kOzik: -kozik/-kezik/-közik, -kózik/-kőzik

어기	파생어
a) 재귀 동작의 의미	
borotvál'면도해주다'	borotválkozik'자기가 면도하다'
törül'물기를 닦다'	törülközik'자기가 물기를 닦다'
vet'벗다'	vetkőzik'자기가 옷을 벗다'
zár'닫다'	zárkózik'움추리다'
b) 상호 동작의 의미	
bír'애쓰다'	birkózik'씨름하다'
ölel'안아주다'	ölelkezik'얼싸안다'
csatol'연결하다'	csatlakozik'가담하다'
érint'닿다'	érintkezik'서로 닿다, 접촉하다'
mér'재다'	mérkőzik'겨루다, 시합하다'
c) 내적 발생의 의미	
gondol'생각하다'	gondolkozik'곰곰이 생각하다'
elfelejt'잊다'	elfeledkezik'잊어버리다'
bocsát'놔두다'	bocsátkozik'관계되다'
szán'동정하다'	szánakozik'유감스러워하다'
d) 지속과 반복의 뉘앙스	
vár'기다리다'	várakozik'마냥 기다리다'
vágy-ik'갈망하다'	vágyakozik'계속 갈망하다'
gyűl'모이다'	gyülekezik'회합하다'

-kozik/-kózik의 차이: 어기가 단음절이면 장모음 변이형을 취하고, 어기가 다음절이면 파생접사는 단음절 변이형을 취한다. 단음절 어기가 단모음 파생접사를 취하는 경우가 있는데, 이 때는 접속모음이 있는 변이형이다.

-Ul: -ul/-ül

재귀의 의미를 나타내지만, 유일하게 -ik 동사가 아닌 동사를 파생한다. 생산적, 비생산적 어근에 모두 나타난다.

	어기	파생어
a)	nyom'누르다'	nyomul'밀고 나가다'
	von'끌다'	vonul'행진하다, 진격하다'
b)	bor-	borul'덮이다' (borít'덮다')
	fesz-	feszül'팽팽해지다'(feszít' '기다')
	ker-	kerül'이르다, 처하다'(kerít)
	mer-	merül'가라앉다'(merít'퍼내다')
	széd-	szédül'어지럽다'(szédít'어지럽게 하다')

다양한 중간 동사 파생접사들은 동일한 어근에 서로 다른 접사가 결합하여 미세한 의미 차이를 나타내기도 한다.

어기	파생어
gondol'생각하다'	gondolkodik: (nagy gondolkodó'위대한 철학자')
	gondolkozik: (gondolkozó ember'생각하는 사람')

4.1.1.6. 가능동사 파생접사

-hAt: -hat/-het

동사 동작의 가능성, 개연성, 방법, 허용, 허가 등을 표현하는 이 파생접사는 양태를 표현하는 문법접사의 성격을 띠고 있다. 이 파생접사는 일부 피동 동사를 제외하고 거의 모든 동사와 결합할 수 있으며, 빈도가 높고 생산적이어서 이 접사에 의해 생긴 파생동사를 새로운 사전적 어휘로 규정하지는 않는다.

Egy diák sem *tudhat* mindent.'학생이 모든 것을 알 수는 없다.'

Így *írhatok* hibátlanul.'이렇게 하면 나는 틀리지 않고 쓸 수 있을거야.'

Minden diák *kerülhet* olyan helyzetekbe.'모든 학생이 이런 상황에 처할 수 있다.'

위 예문의 동사들 tudhat, írhat, kerülhet 는 문맥에 따라 가능성, 추측 등을 표현하는 양태 표현 문법접사 기능을 한다. 그러나 헝가리어 문법에서는 헝가리어 단어의 교착어적 특성 상 가능의 접사 뒤에 또 다른 파생접사가 결합되는 소위 연속파생의 어기로 작용하는 점, 그리고 동사의 시제, 서법과 같은 문법접사를 취한다는 점에서 파생접사로 규정하고 있다. 이는 여러 형태소들의 결합으로 구성되는 헝가리어 단어에서 접사들은 의미와 문법적 기능뿐만 아니라 배열 순서도 중요한 기준이 되기 때문이다. 즉 가능의 접사는 어기의 바로 뒤에 배열되고, 그 뒤에 다른 파생접사나 서법, 시제를 나타내는 문법접사들이 배열되므로 파생접사로 규정한다.

a) 형태소 배열 순서: 어근-hAt-서법/시제-인칭어미

tud	tudhat	tudhat-ná-nak(-ná: 조건법, -nak: 3인칭복수어미)
ír	írhat	írhat-t-am(-t: 과거시제, -am: 1인칭단수어미)

b) 파생접사의 형성: -hat + -ó, -hat + -atln

tud	tudhat	tud-ható(-ható'..될 수 있는' 형용사 파생접사)
ír	írhat	ír-hatatlan(-hatatlan: '될 수 없는', 형용사 파생접사)

c) 어기와의 결합형태: 자음으로 시작되는 접사이므로 대부분 어근 형태에 변화를 일으키지 않고 결합하지만, tesz 동사 계열과 일부 불규칙한 어근 형태와 결합하기도 한다.

a) ad'주다'	ad-hat
lő'쏘다'	lő-het
b) te-sz'놓다'	te-het
hi-sz'믿다'	hi-het
e-szik'먹다'	e-het
i-szik'마시다'	i-hat

c) al-szik'잠자다'	aludhat ~ alhat(alud-ni)
fek-szik'눕다'	feküd-het ~ fek-het(feküd-ni)
nyug-szik'쉬다'	nyugod-hat ~ nyug-hat(nyugod-ni)
d) cselekszik'행동하다'	cseleked-het(cseleked-ni)
törekszik'노력하다'	töreked-het(töreked-ni)
e) jön'오다'	jö-het'올 수 있다'
megy'가다'	me-het'가도 된다'

4.1.2. 명사에서 동사 파생접사(denominális verbumképzők): N → V

헝가리어 파생법에서 명사에서 동사파생은 대표적인 품사변경 파생법으로서, 그 접사의 수가 매우 많고 종류도 다양하다. 여기서는 파생접사의 생산성을 기준으로 배열하되, 파생접사의 의미와 어기의 품사에 따라 그 의미와 특성을 살펴본다.

4.1.2.1. 동작동사 파생접사

-zik

음료수, 식사, 악기, 운동, 취미, 행사, 기계, 도구, 통신수단 개념의 어기와 결합하여 동작 동사를 만든다. -zik는 어기의 동작 자체를 표현하는 자동사를 파생하는 반면, -z는 동작이 어떤 대상에 영향을 미치는 타동사를 파생한다.

어기	파생어
a) 음식, 음료수를 먹다, 마시다	
kávé'커피'	kávézik'커피마시다'
tea'차'	teázik'차마시다'
vacsora'저녁식사'	vacsorázik'저녁먹다'
reggeli'아침식사'	reggelizik'아침먹다'
pizza'피자'	pizzázik'피자먹다'

bor'포도주'	borozik'포도주 마시다'
sör'맥주'	sörözik'맥주를 마시다'
fagylalt'아이스크림'	fagylaltozik'아이스크림을 먹다'

b) 교통수단으로 삼다

autó'자동차'	autózik'자동차타다'
bicilki'자전거'	biciklizik'자전거타다'
motor'오토바이'	motorozik'오토바이 타다'
metró'지하철'	metrózik'지하철로 가다'
villamos'전차'	villamosozik'전차를 타고 가다'
busz'버스'	buszozik'버스로 다니다'
taxi'택시'	taxizik'택시타다'
csónak'보트'	csónakázik'보트타다'
szörf'서핑'	szörfözik'서핑하다'

c) 악기를 연주하다

zongora'피아노'	zongorázik'피아노 치다',
cselló'첼로'	csellózik'첼로를 켜다'
szaxofon'색스폰'	szaxofonozik'색스폰불다'
hegedű'바이올린'	hegedül (*hegedűzik)'바이올린켜다'

d) 취미, 여행, 행사하다

buli'파티'	bulizik'파티하다'
nap'태양'	napozik'일광욕하다'
kártya'카드'	kártyázik'카드놀이하다'
bál'무도회'	bálozik'무도회에서 놀다'
ülés'회의'	ülésezik'회의에 참석하다'
tanya'터냐, 고립가옥'	tanyázik'살다, 거주하다'
út'길'	utazik'여행하다'

e) 그 밖의 어기 개념과 관련된 동사

éjszaka'밤'	éjszakázik'밤새우다'
túlóra'초과시간'	túlórázik'초과 근무하다'

illat'향기' illatozik'향기나다'

lárma'소음' lármázik'소음을 내다'

때때로 -z와 -dz가 교체되는 경우가 있는데, ik동사이다.

levél'편지' levelez'편지를 주고받다'

levél'잎' levelezik ~ leveledzik'잎이 자라다'

-z: 목적어를 필요로 하는 타동의 파생접사이다.

a) 공급하다

cukor'설탕' cukroz'설탕 넣다'[21]

só'소금' sóz'소금을 치다'

keret'테두리' keretez'테를 두르다'

b) 도구로 사용하다

gereblye'갈퀴' gereblyéz'갈퀴로 긁다'

csákány'곡괭이' csákányoz'곡괭이질 하다'

c) 이루다, 만들어 내다

jövedelem'수입' jövedelmez'소득을 올리다',

szín'색깔' színez'채색하다'

dupla'두 배' dupláz'두배로 하다'

ütem'템포, 속도' ütemez'스케줄짜다'

fék'제동장치, 브레이크' fékez'제동 걸다'

név'이름' nevez'이름 짓다'

d) ...라고 부르다, 일컫다

maga'당신' magáz'당신이라고 부르다, 존대말하다'

úr'신사, 님' uraz'선생님이라고 부르다'

szamár'당나귀' szamaraz'바보라고 부르다'

21) -zik 파생어 cukrozik'사탕먹다'은 자동사인데 반해, -z 파생어 cukroz는 타동사이다: cukrozza a tésztát'밀가루 반죽에 설탕 넣다'

néni'아줌마' néniz'아주머니라고 부르다'

e) 없애다, 씻어내다

hernyó'애벌레' hernyóz'애벌레를 없애다'

bél'내장' belez'내장을 씻다'

f) 그 밖의 품사 어기와 결합

tiszta'깨끗한' tisztáz'분명하게 하다'

kettő'둘' megkettőz'두 배로 늘리다'

ide'이리로' idéz'인용하다'

-l: -al/-ol/-el/-öl

명사에서 동사를 파생하는 매우 생산적인 접사로서 파생접사 -z와 상보적으로 사용된다. 어기의 품사가 주로 명사이며, 형용사와 부사와도 결합한다.

a) 실행하다, 공급하다

kasza'낫' kaszál'낫질하다'

gép'기계' gépel'타이프 치다'

talp'신발밑창' talpal'신발바닥을 대다',

burok'덮개' burkol'덮다'

nyereg'안장' nyergel'안장을 대다'

pecsét'도장' pecsétel'도장찍다'

b) 역할을 하다

próféta'예언자' prófétál'예언하다'

szónok'웅변가' szónokol'연설하다'

elnök'의장' elnököl'의장·사회를 보다'

c) 이루다, 만들어 내다

dal'노래' dalol'노래하다'

ének'노래' énekel'노래하다'

szó'단어' szól'말하다'

séta'산책' sétál'산책하다'

fészek'둥지'	fészkel'둥지를 틀다'
szimat'후각, 센스'	szimatol'낌새를 채다, 냄새맡다'
szag'냄새'	szagol'냄새맡다'
gúny'조롱'	gúnyol'조롱하다'

d) 먹다, 소모하다

ebéd'점심식사'	ebédel'점심식사하다'

e) 형용사 어기

helyes'올바른'	helyesel'지당하다고 하다'

f)외래 어근과 결합한다

lump-en (독일어)	lumpol'빈둥거리다'
stimm-en	stimmel'적합하다'
kost-en	kóstol'맛보다'

g) 재귀의 의미-ik 변이형

por'먼지'	porlik'먼지끼다'
világ'빛'	világlik'빛나다'
sereg'떼, 무리'	sereglik'무리짓다'

h)어떻게 보이다

fehér'흰'	fehérlik'희게 보이다'
kék'파란'	kéklik ~ kékellik'파랗게 보이다'

-ll(ik): -l(ik) 파생접사의 이중자음형이며, 형용사나 부정 수사와 결합하여 동사를 만든다.

ik동사가 아닌 경우의 의미는 기초어가 나타내는 특성보다 더욱 정도가 심한 상태를 나타낸다.

어근	파생어
furcsa'이상한'	furcsáll'이상하게 여기다'
rossz'나쁜'	rosszall'나쁘게 보다'
sok'많은'	sokall'비싸게 하다'

ik동사인 경우에는 재귀 의미가 있다.

sárga'노란'	sárgállik'노랗게 되다'
kék'파란'	kékellik'더욱 파래지다'

생산적 동사 파생접사 -z(ik), -l이 동일 어기와 결합하는 경우가 있다. 두 가지 파생형이 의미 차이 없이 공존하거나 의미의 차이로 분화되는데 다음과 같다.

a) 두 가지 파생형이 의미차이 없이 공존하는 경우

vacsora'저녁식사'	vacsorázik ~ vacsorál(고어)
pipa'파이프 담배'	pipázik ~ pipál
sí'스키'	sízik ~ síel
bridzs'브리지 카드놀이'	bridzsezik~ bridzsel

b) 두 가지 파생형의 의미가 다르게 분화한 경우

어기	-z 파생어	-l 파생어
ok'이유, 원인'	okoz'야기하다, 일으키다'	okol'나무라다, 책임을 묻다'
sor'줄, 열'	soroz'줄서다, 열을 짓다'	sorol'나열하다, 분류하다'
szem'눈(신체)'	szemez'응시하다'	szemel'낟알을 고르다'

또한 생산적 파생접사 -z(ik), -l는 신조어 파생에 있어서 가장 많이 쓰이는데, 어기와 결합시의 일반적 경향은 다음과 같다.

a) 모음으로 끝나는 명사 어기

diszkó	diszkózik - *diszkol'디스코가다'
videó	videózik - *videól'비디오 보다'
legó	legózik - *legól'레고하다'

b) 자음 r. l로 끝나는 명사 어기

emil	emilezik - *emilel'이메일하다'
futball	futballozik - *futballol'축구하다'
radír	radíroz - *radírol'지우다'

c) 자음으로 끝나거나 1음절 명사

boksz	bokszol - *bokszoz'권투하다'
park	parkol - *parkoz'주차하다'
voks	voksol - *voksoz'투표하다'
stopp	stoppol - *stoppoz'차세우다'
szkenn	szkennel - *szkennezik'스캔하다'
print	printel - *printezik'프린트하다'
kód	kódol - *kódozik'코드를 맞추다'

4.1.2.2. 사동사 파생접사

-it: -sit

명사와 형용사를 사동 의미의 타동사로 파생시키는 빈도가 높고 생산적인 파생접사이다. 주로 형용사 어기와 결합하여 타동사를 파생하는데, -sít는 -ít 파생접사의 변이형이다. -sít 의 s는 본래 파생접사 -ít를 명사 어기에 적용할 때 나타나는 일종의 매개자음이다. 모음으로 끝나는 어기와 결합할 때, 파생접사 -ít 는 어기의 어말모음을 탈락시키고 결합하거나 매개자음 -s를 통해 어기와 결합하는데, 이는 음절 형성 규칙에 의한 음운론적 현상으로 이해할 수 있다. 그러나 이러한 음운론적 설명에도 불구하고 변이형 -sít의 사용은 자의적인 현상으로 불규칙하게 나타난다.[22]

22) 동일한 모음으로 끝난 형용사들이지만 각각 다른 변이형을 취한다.
fakó'흐릿한'→ fak-ít'흐릿하게 하다' olcsó'싼' → olcsó-sít'싸게 하다'
szomorú'슬픈'→ szomor-ít'슬프게 하다' karcsú'날씬한' → karcsú-sít'날씬하게 보이다'

어기	파생어
a) 명사 어기	
világ‘빛’	világít‘비추다, 밝게 하다’
alak‘형상’	alakít‘형성하다’
dísz‘장식’	díszít‘장식하다’
gyanú‘의심’	gyanít‘의심하다’
b) 형용사 어기	
kék‘파란’	kékít‘파랗게 하다’
fehér‘흰’	fehérít‘하얗게 하다’
kemény‘단단한’	keményít‘단단하게 하다’
magas‘높은’	magasít‘높게 하다’
széles‘넓은’	szélesít‘넓게 하다’
szép‘아름다운’	szépít‘예쁘게 하다’
c) 어말모음 탈락 어기	
fekete‘검은’	feketít‘검게하다’
barna‘갈색의’	barnít‘갈색으로 만들다’
szőke‘금발의’	szőkít‘금발로 만들다’
d) 형용사 비교급 어기	
hosszú‘긴’, hosszabb	hosszabbít‘길게하다’
nagy‘큰’ nagyobb	nagyobbít‘크게하다’
helyes‘올바른’, helyesebb	helyesbít‘수정하다, 고치다’
e) -s 파생형용사 어기	
nedv-es‘젖은’	nedves-ít‘적시다’
érdem-es‘가치있는’	érdemes-ít‘가치있다고 인정하다’
érvény-es‘유효한’	érvényes-ít‘유효하게 하다. 합법화하다’
f) -sít 접사변이형	
állam‘국가’	állam-osít‘국유화하다’
olcsó‘싼’	olcsó-sít‘싸게 하다’
karcsú‘날씬한’	karcsú-sít‘날씬하게 보이다’

4.1.2.3. 중간동사 파생접사

-kOdik: -kodik/-kedik/-ködik,

-lkodik/-lkedik/-lködik, -skodik/-skedik/-sködik

명사나 형용사와 결합하며, 파생된 동사의 의미는 '어기의 사물, 특성으로서 역할하다, 작용하다'이다. s 또는 l로 시작되는 변이형(-lkodik/-lkedik/-lködik, -skodik/-skedik/-sködik)은 보통 모음으로 끝난 어기와 결합한다. 모음으로 끝나는 명사 어기는 -skodik 변이형과 결합하고, 모음으로 끝나는 형용사에는 -lkodik 변이형이 결합된다.

어기	파생어
a) búvár'잠수사'	búvárkodik'잠수하다'
kontár'서투른 사람'	kontárkodik'서투르게 일하다'
kertész'정원사'	kertészkedik'정원일하다'
legény'총각'	legénykedik'뻐기다, 허풍치다',
hős'영웅'	hősködik'호언장담하다'
remény'희망'	reménykedik'희망하다'
b) 형용사 어기	
beteges'허약한'	betegeskedik'아프기 잘하다'
erős'강한'	erősködik'의견에 동조하다, 찬동하다'
aggályos'걱정스런'	aggályoskodik'지나치게 걱정하다'
gondos'주의깊은'	gondoskodik'배려하다'
győze(de)lmes'승리의'	győzedelmeskedik'승리를 거두다'
c) 부사 어기	
közel'가까이'	közlekedik'통행하다'
d) 명사 어기	-skodik/-skedik/-sködik
atya'아버지, 신부'	atyáskodik'후원하다'
tanító'교사'	tanítóskodik'가르치는 일을 하다'
remete'은둔자'	remetéskedik'은둔자처럼 살다'

e) 형용사 어기	-lkodik/-lkedik/-lködik
gyenge'약한'	gyengélkedik'허약하다'
büszke'자랑스런'	büszkélkedik'자랑하다'
rossz'나쁜'	rosszalkodik'버릇없이 굴다'
bölcs'현명한'	bölcselkedik'아는 체 하다'

-Odik: -odik/-edik/-ödik: 다음절 형용사와 결합한다.

a) okos'똑똑한'	okosodik'똑똑해지다'
sötét'어두운'	sötétedik'어두워지다'
hűvös'서늘한'	hűvösödik'서늘해지다'
gyepes'무성한'	gyepesedik'잔디가 무성해지다'
magas'높은'	magasodik'솟아오르다'
b) 비교급 형용사 어기	
nagy'큰', nagyobb-	nagyobbodik'커지다'
kis'작은' kisebb-	kisebbedik'작아지다'
c) 부사 어기	
közel'가까이'	közeledik'다가오다'
d) 명사 어기	
álom'꿈'	álmodik'꿈꾸다'
tavasz'봄'	tavaszodik'봄이 오다'
borsó'완두콩'	borsódzik (a háta)'등이 오싹하다'

-kOzik: -kozik/-kezik/-közik: 빈도가 낮고 비생산적인 파생접사

barát'친구'	barátkozik'친구가 되다'
ellen'반대하여'	ellenkezik'반대하다'

-Ászik: -ászik/-észik

빈도가 낮지만 생산적인 파생접사로서, 의미는 '어근이 나타내는 사물, 개념의 일을 하다'이다.

hal'물고기'	halászik'물고기 잡다'
vad'야생'	vadászik'사냥하다'
eper'딸기'	eprészik'딸기를 따다'
horog'낚시바늘'	horgászik'낚시하다'
agár'사냥개'	agarászik'사냥개로 사냥하다'

-Ul: -ul/-ül 주로 형용사와 결합하지만, 명사, 부사 등과 결합하기도 한다.

a) buta'멍청한'	butul(buta)'멍청해지다'
vak'눈먼'	vakul'눈이 멀게되다'
zöld'초록의'	zöldül'푸르게 되다'
szép'아름다운'	szépül'아름다워지다'
bús'슬픈'	búsul'우울해지다'
csendes'고요한'	elcsendes-ül'조용해지다'
b) 비교급 형용사	
könnyebb'쉬운'	könnyebbül'쉬워지다'
c) 그 밖의 품사 어기	
bizony'분명히'	bizonyul'증명되다'
alak'형상'	alakul'형성되다'
béke'평화'	békül'화해하다'
d) állandó'끊임없는'	állandó-sul'안정화되다'

4.1.2.4. 외래어 동사 파생접사

-izál, -íroz, -fikál: 외래어근과 결합되며, 헝가리 동사 파생접사 -l, -z가 사용되었다.

-izál	politika'정치'	polit-izál'정치에 종사하다, 정치에 대해서 얘기하다'
	kritika'비평'	kritizál'비평하다'
-íroz	finansz-íroz'자금을 조달하다'	forsz-íroz'강조하다'
-fikál	séta-fikál'느릿느릿 산책하다'	

4.2. 명사 파생접사

우리는 앞 장에서 동사 파생법에 대해 살펴보았다. 헝가리어 동사 체계는 원초적 개념의 동사를 비롯하여, 단순한 소리나 형상을 어기로 하여 만들어진 동사들, 또한 모든 종류의 품사들, 명사, 형용사, 수사, 부사, 후치사 등에 다양한 의미와 기능을 나타내는 파생접미사가 결합하여 이루어진 것임을 알 수 있었다. 파생 동사의 수가 많으면 많을수록 이 동사들에서 파생되는 명사 또한 많아지는 파생법의 특징을 생각하면, 이 장에서 다루게 될 명사 파생법은 원초적 동사 뿐만 아니라 수 많은 파생 동사들이 다양한 명사 파생접미사와 결합하여 다양하고 풍부한 헝가리어의 명사 체계를 형성하고 있음을 확인할 수 있을 것이다.

명사파생법에서 어기는 다양한 품사의 어근 단어뿐만 아니라 파생된 단어들도 모두 해당되므로 일종의 연속파생에 의해 형성된 명사들이 많다. 특히 어기가 동사의 형용사적 분사형, 즉 현재분사형, 과거분사형, 미래의 분사형인 경우, 이들 분사형은 더 이상 문법적 형태로서 분사형이 아니라 형용사와 명사로 어휘화한 것으로 해석되어, 다른 파생접사와 연속적으로 결합할 수 있다. 따라서 이론적으로 모든 동사의 형용사적 분사형은 파생어의 어기가 될 수 있으며, 이를 통해 파생접사로서 분사형 접사는 매우 생산적인 명사 파생접사이다.

1) 동사에서 명사 파생접사
2) 명사에서 명사 파생접사
3) 형용사에서 명사 파생접사
4) 그 밖의 품사에서 명사 파생접사
5) 명사에서 형용사 파생접사
6) 형용사에서 형용사 파생접사
7) 그 밖의 품사에서 형용사 파생접사
8) 수사 파생접사
9) 부사 파생접사

4.2.1. 동사에서 명사 파생접사(deverbális nomenképzők)

동사에서 명사를 파생하는 접미사는 어기의 의미에 따라 동작이나 사건과 관련된 추상적 개념, 행위자, 도구, 장소 등을 나타내는 명사를 만든다. 헝가리어의 명사 파생접사는 거의 모든 동사와 결합할 수 있는 가장 생산적인 접사 -ás/-és로 부터 현대에는 거의 쓰이지 않으며, 몇몇 단어에만 잔재 형태로 남아있는 접미사까지 매우 다양하다. 여기서는 파생명사의 의미를 기준으로 구분하여 살펴본다.

4.2.1.1. 동작, 사건의 추상개념 파생접사

1) -Ás: -ás/-és

가장 생산적인 파생접사로서, 모든 동작동사, 사역동사, 재귀 동사와 결합하여 추상적인 개념이 명사를 파생한다.

	어기(단순동사)	파생어
a)	fut'달리다'	futás'달리기, 마라톤'
	ajánl'추천하다'	ajánlás'권고, 추천'
b)	ír'쓰다'	írás'글씨'

	hímez'수놓다'	hímzés'수예'
c)	lakik'거주하다'	lakás'집, 주택'
	ül'앉다'	ülés'회의(장소), 좌석'
d)	harap'물다'	harapás'한 입'
	süt'굽다'	sütés'구운 정도'

단순 동작동사에서 파생된 명사들이다. 파생명사의 의미는 a)와 같이 동사 의미와 관련된 추상적 개념이나 b)의 동작의 결과, c)의 동작의 장소 그리고 드물지만 d)와 같이 크기, 정도를 표현하기도 한다.

	어기(파생동사)	파생어
a)	mosakodik'몸을 씻다'	mosakodás'세수'
	öltözködik'옷입다'	öltözködés'옷입기, 복장'
b)	ásat'땅을 파게하다'	ásatás'발굴'
	szemléltet'실증해보이다'	szemléltetés'실증, 예증'
c)	fogadtatik'대접받다'	fogadtatás'환대'
	megtiszteltetik'영광을 느끼게 하다'	megtiszteltetés'영광'
	művelődik'교양을 쌓다'	művelődés'교육, 문화'
d)	megélhet'살아갈 수 있다'	megélhetés'생계 수단'
	láthat'면회하다'	láthatás'면회, 접견'

위의 파생명사들은 어기가 파생동사들로서 a)의 재귀동사(-szik,-kodik 등), b)의 사역동사(-tat/-tet), c)의 피동동사(-tatik/-tetik), d)의 가능동사(-hat/-het)와 결합하여 추상명사가 되었다.

a)	puszta'황무지'	pusztul'파괴되다'	pusztulás'파괴(됨), 파멸'
	pusztít'파괴하다'	pusztítás'파괴(함)'	
b)	fejl-	fejlődik'발전하다'	fejlődés'발전(됨)'
	fejleszt'발전시키다'	fejlesztés'발전(시킴)'	

c) szabad'자유로운'   felszabadul'해방되다' felszabadulás'해방(됨)'
felszabadít해방시키다' felszabadítás'해방(시켜줌)'

-ás/-és 접미사는 동사어기와 결합하지만 어기 자체가 명사나 동사에서 파생된 파생동사와도 결합한다. 또한 파생동사의 경우 c)와 같이 동사전철이 필수적으로 결합되어 파생된 어기가 있다. 이 경우는 파생과 합성에 의해 생겨난 동사들로서 형태분석과 합성어 분석은 다음과 같다.

어기	형태분석	합성어 분석(앞성분 + 뒷성분)
szabad'자유로운'	[fel+szabad-ul]-ás	fel + szabadulás
	[fel+szabad-ít]-ás	fel + szabadítás

-ás/-és는 가장 생산적인 명사 파생접미사이지만, 모든 동사에 적용될 수 있는 것은 아니다. 주관적 감정을 나타내는 동사, 또는 별도의 명사형이 있는 동사의 경우에는 적용되지 않는데 이를 흔히 어휘제약(lexical blocking)이라고 한다. 이러한 어휘제약은 일정한 규칙에 의한 것이라기 보다는 언어적 자의성에 기초한 것으로 보는 것이 타당할 것이다.

	어기	파생어	
a)	szeret'사랑하다'	*szeretés	szeretet
	gyűlöl'미워하다'	*gyűlölés	gyűlölet
	fél'무서워하다'	*félés	félelem
b)	hisz'믿다'	*hívés	hit
	álmodik'꿈꾸다'	*álmodás	álom

또한 헝가리 동사 가운데 형태적으로는 -ás/-és와의 결합이 가능하지만 독자적 파생명사로서 쓰이지 못하고 통사적 환경에서만 쓰이는 경우가 있다. 이를 통사제약이라하는데, 이 경우에 -ás/-és는 파생접미사의 기능보다는 명사형 접미사의 성격이 강하다고 할 수 있다.

	어기	파생어	통사적 사용
a)	marad'남아있다'	*maradás	életben maradás'생존'
	tartózkodik'체류하다'	*tartózkodás	otthon tartózkodás'집에 있음'
b)	elolvas'다 읽다'	*elolvasás	a könyv elolvasása'책 읽기'

-AlOm: -alom/-elem: 추상화된 동작을 나타낸다.

	어기	파생어
a)	fél'무서워하다'	félelem'두려움'
	győz'이기다'	győzelem'승리'
b)	bíz'믿다', biz-	bizalom'신뢰'
	sír'울다', sir-	siralom'슬픔'
	gyötör'애쓰다', gyötr-	gyötrelem'노력'
	mozog'움직이다', mozg-	mozgalom'운동'

-dAlOm: -dalom/-delem(-odalom/-adalom/-edelem)

	어기	파생어
a)	fáj'아프다'	fájdalom'통증'
	forr'끓다'	forradalom'혁명'
b)	ír'쓰다', ir-	irodalom'문학'
	hisz'믿다', hi-	hiedelem'믿음'
	jön'오다', jöv-	jövedelm'수입'

-sÁg: ság/-ség(-aság/-eség)
동사에서 명사를 만드는 파생접미사로서는 드물게 쓰이고 비생산적이다.

어기	파생어
a) siet'서두르다'	siet-ség'서두름'

tanul'배우다' tanul-ság'교훈'
ver'때리다' ver-eség'패배'
b) fárad'피곤해지다' fárad-ság'수고'(fáradt'피곤한' fáradt-ság'피로')
izzad'땀흘리다' izzadság'땀'(izzadt'땀에 젖은' izzadt-ság'땀에 젖음')
c) tehet'할 수 있다' tehetség'재능'[23]

파생접사 -sÁg는 형용사 어기와 결합하여 명사를 파생하는 접미사로서는 생산적이다. 그러나 동사에서 명사를 만드는 파생접미사로서는 드물게 쓰이고 비생산적이다. b) 에서와 같이 동사의 과거 분사형이 형용사로 품사전성된 어기와 결합하는 경우에 동사 어기 파생어와 의미적으로 다르다. c)와 같이 가능의 파생접사 -hAt에 의해 파생된 동사가 어기가 되어 추상명사를 파생하기도 한다. (이에 대하여는 형용사에서 명사파생 참고)

-t: 보통 세련되고 토속적인 뉘앙스를 지니며, 인칭어미, 격어미 또는 파생접미사와도 결합한다.

	어기	파생어
a)	lesz	lé-t'존재'
	tesz	té-t'과제, 도박의 판돈'

b) napnyug-t-a'일몰', napkel-t-e'일출' (비교: napnyug-at'서쪽', napkel-et'동쪽')

-Aj: -aj/-ej
보통 비생산적인 의성어 어근과 결합한다.

23) 동일한 구조의 어기 lehet의 경우에는 *lehetség이 아니라 lehetőség이다. 이 경우 어기는 lesz이고 파생접미사 -hető와 -ség의 연속파생의 결과로 해석한다:
lesz'될 것이다' lehető'가능한' lehetőség'가능성'

어기	파생어
mor-og'중얼대다'	moraj'중얼거림'
dör-ög'우르릉대다'	dörej'폭발음'
zör-ög'덜컹대다'	zörej'덜컹거리는 소리'
röh-ög'껄껄 웃다'	röhej'너털웃음',
zsibong'시끌벅적하다'	zsibaj[24] '소음'

이 밖에 더 이상 사용되지 않는 비생산적 파생접미사

-tAl: -tal/-tel

iszik'마시다'	ital'마실 것, 음료'(=ivás)
eszik'먹다'	étel'먹을 것, 음식'(=evés)
vesz'사다'	vétel'매입'
visz'가져가다'	vitel'운송'
jön'오다'	jövetel'도착'

명사 파생접사 -tAl는 더 이상 사용되지 않는 비생산적 파생접사로서 -sz(ik) 동사 어기와 결합한다. 이는 생산적인 명사 파생접사 -Ás에 의한 파생형으로 대체가 가능하다.

-AdAl: -adal/-edel

vív'싸우다'	viadal'싸움'
él'살다'	eledel'식량'

4.2.1.2. 동작, 사건의 결과개념 파생접사

-At: -at/-et

어기 동사의 동작이나 사건의 결과나 대상을 표현하는 명사를 만든다. 파생접

24) 문학 텍스트 또는 지방에서는 zsivaj 로 쓰이기도 한다.

미사 -ás/-és와 함께 대표적인 명사 파생접미사이다.

어기	파생어
ered'발원하다'	eredet'기원'
húz'당기다'	huzat'홑이불'
von'끌다'	vonat'기차'
mond'말하다'	mondat'문장'
ítél'판단하다'	ítélet'판단'
felel'대답하다'	felelet'대답'
vállal'일을 맡다'	vállalat'회사, 기업'
történ-ik'발생하다'	történet'이야기, 줄거리'
kikel'싹트다'	kikelet'봄'
fordul'돌다'	fordulat'회전'
bejár'들어다니다'	bejárat'입구'
fal'한입 물다'	falat (étel)'한 입'
csíp'한손으로 집다'	csipet (só)'약간의 (소금)'

동일한 어기 동사에 -ás/-és와 -at/-et 접미사가 결합하여 의미 분화를 하는 예도 많다.

어기	파생어1	파생어 2
indul'출발하다'	indulat'감정, 광분'	indulás'출발'
von'끌다'	vonat'기차'	vonás'특징'

-mÁny: -mány/-mény (-omány/-emény)

동작의 결과, 산물 또는 추상적 개념을 나타내며, 놀림, 조롱의 뉘앙스를 나타내기도 한다.

어기	파생어
a) tud'알다'	tudomány'학문'
hagy'남기다'	hagyomány'전통'
vél'생각하다'	vélemény'의견'
vet'씨뿌리다'	vetemény'야채'
es-ik'떨어지다'	esemény'사건'
kezd'시작하다'	kezdemény[25)]'발의'
b) 부정적 의미	
ír'쓰다'	iromány'잡문'
szül'낳다'	szülemény'산물'
c) gyárt'생산하다'	gyártmány'생산품'
készít'만들다'	készítmény'제조품'
következik'뒤이어지다'	következmény'결과'
d) 명사 및 그 밖의 어기	
ok'이유'	okmány'증명서류'
körül'둘레에'	körülmény'주변조건, 환경'

동사 어기와 결합하여 a)와 같은 추상적 개념, b)의 부정적 개념의 결과물을 나타내는 명사를 파생한다. 이들 어기는 단음절 어근동사로서 파생접사 앞에 접속모음을 갖는 것이 특이하다. 반면에 c)의 동작의 결과물을 뜻하는 파생명사는 자음 중첩 또는 장모음+t 로 끝나는 어기에 접속모음 없는 접사형이 결합되었고, d)에서는 예외적으로 명사 ok'이유', 후치사 körül'둘레에' 어기와 결합하여 추상명사가 만들어졌다.

25) 파생어 kezdemény는 다시 동사로 파생된 형태 kezdeményez'발의하다, 주창하다'로 많이 사용된다.

-vÁny: -vány/-vény (-ovány/-evény)

어기	파생어
a) ás'파다'	ásvány'광물'
utal'언급하다'	utalvány'고지서'
emel'올리다'	emelvény'연단, 무대'
kér'청하다'	kérvény'신청'
áll'서다'	állvány'받침대, 이젤'
rejt'감추다'	rejtvény'수수께끼' (rejtély'신비, 불가사이')
jár'다니다'	járvány'전염병'
bead'납부하다'	beadvány'청원서, 진정서'
köt'묶다'	kötvény'채권'
b) 불규칙 어근형	
inog'흔들리다', ing-	ingovány'늪지'
jön'오다', jöv-	jövevény'이주민, 신참'
szökik'달아나다'	szökevény'도망자'
c) 명사 어기	
bál-	bálvány'우상'
rész'부분'	részvény'주식'

-ék: 자동사 또는 타동사와 결합하여 동작의 결과, 대상 등을 나타낸다.

어기	파생어
a) kever'섞다'	keverék'혼합물'
terít'펼치다'	teríték'상차림, 상보'
borít'덮다'	boríték'봉투'
támaszt'기대다'	támaszték'받침대'
fest'칠하다'	festék'물감'
illet'상응하다'	illeték'수수료, 요금'

hasad'갈라지다'	hasadék'틈새, 골짜기'
vegyül'섞이다'	vegyülék'화합물'
b) származ-ik'유래하다'	származék'후손'
játsz-ik'놀다'	játék'놀이'
pótol'보충하다', pótl-	pótlék'보조금'
ellenez'반대하다' ellenz-	ellenzék'야당'
c) 형용사 어기	
nehéz'무거운'	nehezék'평형추'

-dék(-adék/-edék)

어기	파생어
a) fon'직조하다'	fonadék'직물'
szán'생각하다'	szándék'의도'
nemz'수태하다'	nemzedék'세대'
válik'분리되다'	váladék'분비물'
folyik'흐르다'	folyadék'액체'
esik'떨어지다'	esedékes[26] '만기의' (esedékesség'만기')
hull'떨어지다'	hulladék'쓰레기'
b) 불완전하고 비생산적인 어기	
ajánl'추천하다', aján-	ajándék'선물'
ívik'수정하다', ív-	ivadék'자손, 후예'
söpör'쓸다', söpre-	söpredék'쓰레기, 오합지졸'
lő'쏘다', löv-	lövedék'포탄'

26) 명사형 esedék은 독자적으로 쓰이지 못하고 연속파생의 어기로만 쓰인다: esedékes'만기의' esedékesség'만기'

-lék(-alék/-elék)

어기	파생어
a) mos'씻다'	moslék'음식찌꺼기'
ad'주다'	adalék'보충설명'
told'늘리다'	toldalék'접사, 첨부'
főz'끓이다'	főzelék'야채음식'
jut'도달하다'	jutalék'수수료'
függ'매달리다'	függelék'부록'
tud'알다'	*tudálék (tudálék-os'현학적인')
hord'나르다'	hordalék'퇴적물'
köt'묶다'	kötelék'끈'
b) 수사 어기	
száz'백'	százalék'백분율'
ezer'천'	ezrelék'1000분의 1'
c) 문법접사있는 명사 어기	
hátra'뒤로'	hátralék'미납금'
-ték: hagy'남기다'	hagyaték'유산'
mér'재다'	mérték'정도'
-más: áld'축복하다'	áldomás'향연'
vall'고백하다'	vallomás'진술'
tud'알다'	tudomás'앎'
-cs: rikkan'소리치다'	rikkancs'호객하는 상인'
pukkan	pukkancs'성미급한 사람'

-tyÚ: -tyú/-tyű (-attyú/-ettyű)
동작의 수단, 도구를 나타내는 명사를 파생한다. 생산적이지만 빈도가 낮다.

billen'흔들리다'	billentyű'글자판, 키보드'

csenget'벨이 울리다' csengettyű'초인종, 방울'
dug'찌르다' dugattyú'피스톤'
emel'들어올리다' emeltyű'지렛대'
pörög'돌다' pörgettyű'팽이'
szív'흡입하다' szivattyú'펌프'

-ÓkA: -óka/-őke
드물게 사용되는 파생접미사이며, 동작의 도구, 수단을 나타낸다.

szív'빨아들이다' szívóka'빨대'
ül'앉다' ülőke'작은 의자'
mond'말하다' mondóka'얘기 한토막'
szop'빨다' szopóka'빠는 부분'
nyal'핥다' nyalóka'빨아먹는 사탕'
mászik'기어올라가다' mászóka'(놀이시설) 정글짐'

-ny : úszik'수영하다' uszony'지느러미'
(명사 어근 horog'낚시바늘', horgony'닻')

-Ány: -ány/-ény
nyit'열다' nyitány'서곡, 전주곡'

-Ál: -ál/-él, -al/-el
hal'죽다' halál'죽음'
von'당기다' vonal'선, 줄'
fon'꼬다' fonal'실'

-Ály: -ály/-ély
akad'박히다' akadály'장애물'
rejt'감추다' rejtély'신비, 불가사의'
szenved'앓다' szenvedély'열정, 탐닉'
(명사어기 szeg'각') szegély'테두리'

-Asz: -asz/-esz

tám-	támasz'버팀목',
er-	eresz'빗물받이'

4.2.1.3. 동작의 주체, 장소개념 파생접사

-Ó: -ó/-ő

빈도가 높고 생산적인 파생접미사이며, 형용사적 현재 분사형과 형태가 같다. 그러나 이 파생접미사로 만들어진 파생어의 다수는 명사로서 직접 어휘체계에 소속되며, 형용사적 분사형의 명사화 과정을 거치지 않는다. 주로 직업명을 표현하며, 도구나 장소 등을 나타낸다.

어기	파생어
a) 직업	
tanít'가르치다'	tanító'교사'
tanul'배우다'	tanuló'학생'
hallgat'경청하다'	hallgató'청취자, 대학생'
nyomoz'추적하다'	nyomozó'형사'
igazgat'운영하다'	igazgató'사장'
előad'강연, 공연하다'	előadó'연설자'
gondoz'돌보다'	(csecsemő)gondozó'보모'
fest'칠하다'	festő'화가'
rendez'기획하다'	rendező'감독, 연출'
tervez'설계하다'	tervező'설계사'
szerez'만들다'	szerző'저자'
szab'재단하다, 정하다'	szabó'재단사'
szurkol'응원하다'	szurkoló'응원자, 지지자'
elad'팔다'	eladó'파는 사람'
ajándékozik'선물주다'	ajándékozó'증여자'

vesz'사다' vevő'고객, 손님'

adóz'세금내다' adózó'납세자'

szavaz'투표하다' szavazó'유권자, 투표자'

b) 도구

ás'파다' ásó'삽',

vasal'다림질하다' vasaló'다리미'

hord'나르다' hordó'통, 항아리'

vés'새기다' véső'끌, 조각칼'

meghív'초대하다' meghívó'초대장'

üt'치다' (tenisz)ütő'테니스 채, 라켓'

ver'때리다' (hab)verő'거품기'

c) 장소

vendégel'손님오다' vendéglő'음식점, 식당',

ebédel'점심먹다' ebédlő'부엌에 딸린 식당',

falatoz '요기하다' falatozó'간이식당'

homokozik'모래장난하다' homokozó'(놀이터) 모래밭'

parkol'주차하다' parkoló'주차장'

temet'매장하다' temető'묘지'

d) 사건, 행위의 추상적 개념

találkozik'만나다' találkozó'모임, 회의',

bemutat'소개하다' bemutató'개봉관'

esküszik'맹세하다' esküvő'결혼식'

megnyit'시작하다' megnyitó'개회사'

ad'주다' adó'세금'

-dA: -da/-de(-oda/-öde)

동작이 일어나는 장소를 뜻하는 명사를 파생한다. 현대어에도 때때로 사용되는 생산적인 파생접미사이지만 주로 언어개혁시대에 만들어진 어휘들이 많다.

a) jár'다니다' — járda'인도'
nyom'누르다' — nyomda'인쇄소'
ír'쓰다' — iroda'사무실'
fon'실잣다' — fonoda'방적공장'
úszik'수영하다' — uszoda'수영장'
óv'지키다' — óvoda'유치원'
csúszik'미끄러지다' — csúszda'미끄럼틀'

b) 명사 어기
áru'물건' — áruda'구멍가게'
bölcső'요람' — bölcsőde'영아탁아소'

이 밖에 더 이상 사용되지 않지만, 직업을 나타내는 명사를 파생하는 접미사

-Ár: -ár/-ér
búvik, bújik'숨다' — búvár'수중탐사'
hord'나르다' — hordár'짐꾼'
váj'파내다' — vájár'채탄부'
vezet'이끌다', vez- — vezér'지휘관'
tűn-ik'나타나다', tűn- — tündér'요정'

4.2.2. 명사에서 명사 파생접사(denominális nomenképzők)

명사에서 명사를 파생하는 접사는 어기의 품사가 실명사, 형용사, 수사, 대명사를 아우르는 넓은 의미의 명사인 반면, 파생어로서 명사는 실명사를 뜻한다. 따라서 실명사에서 실명사를 파생하는 접사는 품사유지 파생접사로서 어기의 의미에 변화를 주는 기능을 한다. 헝가리어에는 어기 명사의 의미는 크게 변하지 않고 뉘앙스를 바꾸는 기능을 하는 지소, 애칭 접사가 특징적이다. 이 밖에 직업, 단체 등의 의미를 부여하는 파생접사들이 있다.

4.2.2.1. 축소와 애칭의 명사 파생접사

대부분 어기에 비해 작은 상태를 나타내며, 귀엽고 해학적 분위기를 표현한다. 헝가리어에는 작고, 귀여운 상태를 표현하는 접사가 다양하게 발달해 있는데, 특히 고유명사, 친족 명칭 그리고 어린이 언어에 사용된다.

-i: 가장 빈도가 높은 애칭의 파생접미사이며, 대부분 잘려진 어근형과 결합한다. 어기의 첫음절과 결합하는 것이 일반적이지만 어기의 두 번째 음절과 결합하기도 한다. 사람이름, 고유명사와 결합한다.

어기	파생어	어기	파생어
a) Ágnes	Ági	Aladár	Ali
Erzsébet	Erzsi	Ferenc	Feri
Klára	Klári	Imre	Imi
Miklós	Miki	Viktória	Viki
Zsuzsanna	Zsuzsi	!Mihály	Misi
b) Dániel	Dani	Gábor	Gabi
János	Jani	Péter	Peti
c) Alfréd	Frédi	Antal	Tóni, Anti
d) András	Andi-Bandi	> Andi, Bandi	
Anna	Anni-Panni	> Anni, Panni	
István	Isti-Pisti	> Isti, Pisti	
Endre	Endi*-Bandi	> Bandi	

애칭의 파생접사 -i는 a)와 b)에서와 같이 보통 이름의 첫 번째 음절 부분과 결합하는데 b)는 어기의 형태에 변형이 일어난 예이다. 즉 장모음이 단모음으로 바뀌고 파생접사가 결합된 경우이다. c)의 예는 이름의 두 번째 음절이 어기가 되어 파생접사와 결합한 것이다. d)의 예는 본래 이름의 애칭형을 쌍둥이 합성어로 변형했다가 각각의 성분이 독자적 애칭형으로 파생된 경우이다.

파생접사 -i는 남자이름을 여자이름으로 만드는데 사용되기도 했다: György(남자 이름) - Györgyi(여자 이름)

이 밖에 일반명사와 결합하여 어린아이 언어 또는 약어로 사용되기도 한다.

e)	csokoládé'초콜렛'	csoki	fagylalt'아이스크림'	fagyi
	óvoda'유치원'	ovi	uborka'오이'	ubi

-Ó: -ó/-ő

몇몇 세례명에 쓰인 경우: Kató, Janó, Sanyó

세례명의 파생어가 성으로 사용되는 경우:

어기	파생어	어기	파생어
Péter	Pető	Sebestyén	Sebő

-cskA: -cska/-cske (-acska/-ocska/-ecske/-öcske)

축소의 의미를 지니며, 주로 보통명사와 결합하나, 가끔 형용사와 수사, 대명사에도 결합된다.

	어기	파생어	어기	파생어
명사:	felhő'구름'	felhőcske	vödör'양동이'	vödröcske
	kéz'손'	kezecske	láb'발'	lábacska
	bokor'덤불'	bokrocska	húg'여동생'	húgocska
형용사:	apró'작은'	aprócska	nagy'큰'	nagyocska
대명사:	valami'무엇'	valamicske		

해학적이고 냉소적인 어감 표현: grófocska'공작', tanárocska'교수'

놀이의 이름: bújócska'술래잡기'

-kA: -ka/-ke

기초어가 자음 l, r, n, m, ny, s 로 끝나거나 모음 ó, ő, i 로 끝난다.

주로 보통명사와 결합하지만, 형용사, 대명사와 결합하여 축소의 의미가 표현된다:

애칭 잘려진 이름

Ilona	Ilonka
Ferenc	Ferike
József	Jóska

명사: leányka, madárka, angyalka, egérke, tányérka, asztalka

형용사: vidámka, szegényke, vékonyka, picike, kicsike

대명사: akkorka

기타 식물이름: aranka'노란 잡초의 일종', hajnalka'나팔꽃', estike'꽃 무'(밤에 향기나는 겨자과 식물)

	어기	파생어	어기	파생어
-ca:	Éva	Vica	Teréz	Teca
-ci:	Albert	Berci	Ödön	Dönci

-csi: Jancsi, Fercsi

-u: anyu'엄마', apu'아빠',

-us: anyus'엄마', cicus'고양이'

-csA: -csa/-cse: 여성의 세례명에 쓰이며, 애칭은 아니지만 토속적 느낌을 나타낸다.
Julcsa, Borcsa, Marcsa.

-kó: 몇몇 세례명에 쓰인 경우: Palkó, Petykő

보통명사로서 이미 어휘화한 경우: szánkó'썰매', pejkó'갈색 말'

-is: 한 두 개의 세례명에 쓰인다: Andris, Boris, Maris

-a: 세례명 Ila, Eta, Zsuzsa

-Ók: -ók/-ők: 더 이상 사용되지 않는 파생접미사이다: Erzsók, Istók

세례명이 성으로 변한 경우: Sebők - Sebestyén

이미 하나의 어휘로 간주되는 형용사: pufók'살찐'

이 밖에 지소 의미 파생접사가 이중으로 적용되어 만들어진 파생접사들도 있다.

-i + -kó： házikó, ládikó

-i + -ca： Katica, Ilica

-u + -ci： anyuci, apuci

-u + -ka： Iluka, Gézuka, anyuka, apuka

-i + -ka/-i + -ke：Palika, Ferike; pálcika'젓가락'

4.2.2.2. 형용사(mellénév)에서 명사 파생접사

-sÁg: -ság/-ség (-aság/-eség/-asság/-esség)

명사, 형용사, 수사, 대명사 등 명사류와 결합하여 명사를 파생하는 가장 빈도가 높고 생산적인 파생접사이다. 특히 형용사와 결합하여 추상명사를 파생하는데, 연속파생에 의해 다양한 종류의 파생형용사, 형용사적 분사형과 결합이 가능하므로 매우 생산적인 파생접사이다.

어기	파생어
a) igaz'맞는'	igazság'진실'
jó'좋은'	jóság'선함'
bátor'용감한'	bátorság'용감'
könnyű'가벼운'	könnyűség'가벼움'
nehéz'무거운'	nehézség'무거움'
egész'온전한'	egészség'건강'
beteg'아픈'	betegség'질병'
jelen'현재 있는'	jelenség'현상'
bölcs'현명한'	bölcsesség'지혜'
okos'영리한'	okosság'영리함'
kedves'사랑스런'	kedvesség'친절'
érdekes'흥미로운'	érdekesség'흥미, 관심사'
érdektelen'재미없는'	érdektelenség'무관심'
b) 형용사적 분사형 어기	
való'실제의'	valóság'현실, 실재'

fáradt'피곤한'	fáradtság'피로'
kötelezett'의무가 있는'	kötelezettség'의무'
elszigetelt'고립된'	elszigeteltség'고립, 격리'

c) 실명사 어기

hallgató'대학생'	hallgatóság'대학생집단'
katona'군인'	katonaság'군대'
hegy'산'	hegység'산맥'
erdő'숲'	erdőség'숲'
szabó'재단사'	szabóság'양복점'
pék'제빵사'	pékség'빵집'
asszony'여인'	asszonyság'아줌마들'
úr'신사'	uraság'양반, 지주'

d) 그 밖의 품사 어기

부사 távol'멀리'	távolság'거리'
수사 egy'하나'	egység'단위'
대명사minő(=milyen)'어떤'	minőség'성질'

파생접사의 변이형 -ság/-ség, -asság/-esség에 따라 파생어의 의미가 다르다.

e) víg'유쾌한'	víg-ság'유쾌'
	víg-asság'연회'

4.2.2.3. 실명사(főnév)에서 명사 파생접사

-s (-as/-os/-es/-ös)

어기	파생어
a) 직업	
hajó'배'	hajós'뱃사공'
áru'상품'	árus'상인'

bolt'가게, 상점'	boltos'가게주인'
óra'시계'	órás'시계공'
fazék'(사기로 된) 냄비'	fazekas'도공'

b) 집합 의미

tartalék'비축'	tartalékos'예비군'
gyümölcs'과일'	gyümölcsös'과수원'
nádas'갈대'	nádas'갈대밭'

c) 수사 어기

ötödik'다섯번째'	ötödikes'5학년생'
négy'4'	négyes'4번, 4점'
öt'5'	ötös'5점, (점수의)우수'
tíz'10'	tízes'10원짜리'

d) 후치사 어기

helyett'대신에'	helyettes '대리인'
felett'위에'	felettes'상관'

명사 파생접사 -s는 명사에서 형용사를 파생하는 접사 -s와 동일한 형태인데, 이는 본래 형용사 파생접사 -s에 의해 파생된 형용사가 명사로 전성된 것이다. 즉 파생접사 -s는 명사류와 결합하여 형용사를 파생하고, 이 파생어는 명사구의 수식성분으로 기능하다가 핵명사가 생략되고 명사화한 것이다. (konverzió 157쪽 참고)

-ék: 매우 빈도가 높고 생산적인 파생접사로서, 인명, 사람을 나타내는 명사 어기와 결합하여 어기에 소속된 구성원을 뜻하는 복수 명사를 파생한다.

어기	파생어
Szabó	Szabóék'서보씨 집안'
Vilma	Vilmáék'빌마네 집안'
gyógyszerész'약사'	(a) gyógyszerészék'약국집 사람들'
bátyám'오빠, 형'	(a) bátyámék'형의 가족들'

-né: 기혼여성의 성을 만드는 파생접미사이며, 아주 빈도가 높고 생산적이다. 모든 종류의 남자 이름 또는 남자 직업명사와 결합한다.

Tóth Zoltán　　Tóthné'토트 부인'　　Tóth Zoltánné'토트 졸탄 부인'
boltos'가게주인'　boltosné'가게집 여주인'

때때로 구어체에서 여성의 직업을 의미하기도 한다.

szakácsné'여자 요리사', varróné'여자 재봉사'

-Ász: -ász/-ész

빈도가 높고 생산적인 파생접미사이며, 특히 언어개혁 시대에 유행한 파생접미사이다. 직업 명사를 파생시킨다.

	어기	파생어
명사	fodor'주름'	fodrász'이발사, 미용사'
	kert'정원'	kertész'정원사'
	seb'상처'	sebész'외과의사'
	mű'작품'	művész'예술가'
	martin'용광로'	martinász'야금 전문가'
동사	szab'재단하다'	szabász'재단사'
	szül'출산하다'	szülész'산부인과 의사'

-zAt: -zat/-zet: 총체적 개념을 의미한다.

padló'마루'	padlózat'마루전체'
kormány'행정부'	kormányzat'행정부'
kő'돌, 바위'	kőzet'암석'
fedél'갑판'	fedélzet'갑판'
csillag'별'	csillagzat'별자리'

izom'근육'	izomzat'근육조직'
bútor'가구'	bútorzat'가구류'
felhő'구름'	felhőzet'구름'
tető'지붕'	tetőzet'지붕'
személy'사람'	személyzet'직원일동'
nyelv'언어'	nyelvezet'언어'

kockázat는 명사 kocka'주사위'와 파생접사 -zat의 결합이 아니다. kocka'주사위, 네모조각'가 동사 파생접사 -z(ik)에 의해 동사 kockázik'주사위로 놀다'가 파생되고, 이어서 명사 파생접사 -at에 의해 kockázat'모험'이 파생명사가 만들어졌다. kockázat'모험'의 동사형은 kockáztat'내기하다, 모험하다'이다.

-sdi: 놀이 이름을 만드는데 사용된다.

háború'전쟁'	háborúsdi'전쟁놀이'
katona'군인'	katonásdi'군인놀이'

어른의 경솔하고, 우스운 행위의 표현:

értekezlet'회의'	értekezletesdi'쓸데없이 자주 회의를 하는 것'

-Onc: -onc/-enc/-önc

언어개혁 시대에 자주 쓰이던 파생접미사로서 사람을 뜻하는 보통명사 또는 형용사를 파생한다.

	어기	파생어
명사	kedv'기분'	kedvenc'애호하는'
	bér'임금'	bérenc'고용된 사람'
형용사	új'새로운'	újonc'신참'
동사	küld'보내다'	küldönc'배달원'

-lat/-let: 언어개혁 시대의 파생접미사

	어기	파생어
수사	több'더 많은'	többlet'초과, 잉여(분량/액)'
	egy'하나'	egylet'단체, 협회'
형용사	kész'완성된'	készlet'일체의 장비·세트'
부사	bizony'분명히'	bizonylat'증명서'
명사	táv'먼 거리'	távlat'원근법'
	tár'저장소'	tárlat'(여러 화가의 작품) 전시회'

-nemű: 합성어의 뒷성분과 비슷한 성격이지만, 파생접미사로서의 성격이 강하다. 빈도가 낮지만 새로운 단어를 만든다.

ágy'침대'	ágynemű'침구'
papír'종이'	papírnemű'문방용품'
fehér'흰옷'	fehérnemű'속옷'

-ista, -izmus: 외래어에서 유래한 파생접미사

humán'인간'	humanista'인문주의자', humanizmus'인문주의'
egyetem'대학교'	egyetemista'대학생'
forgalom'교통'	forgalmista'철도원'
elem'초보, 기본'	elemista'초등학생'

4.2.3. 형용사 파생접사

헝가리어에서 형용사를 파생하는 접미사들은 주로 동사와 명사를 어기로 하여 결합하지만, 형용사와 후치사, 부사 등과 결합하기도 한다. 일반적으로 파생접사가 결합하는 어기의 품사에 따라 동사에서 형용사 파생접사, 명사에서 형

용사 파생접사, 형용사에서 형용사 파생접사 그 밖의 품사에서 형용사 파생접사로 구분한다. 그러나 동사 파생접사라 해도 명사 또는 다른 품사와도 결합하는 경우도 있으며, 또한 파생어의 품사가 명사로 전성된 경우도 있다. 특히 '부정과 부재'를 의미하는 파생접사 -tAlAN 는 동사와도 결합하고 명사와도 결합하는데, 동사 어기와 결합하여 '하지 않음', '아님' 등 부정적 의미의 형용사를 만들고, 명사와 결합하여 '없음' 의 의미를 나타내는 형용사를 만든다. 헝가리어에서 부정, 부재의 파생접사는 그 비중이 매우 크므로 별도로 다루기 위해, 형용사 파생접사를 아래와 같이 다섯 가지로 구분하여 살펴본다.

1) 동사에서 형용사 파생접사: V → Adj
2) 명사에서 형용사 파생접사: N → Adj
3) 부정. 부재 -AtlAn 파생접사: V/N → Adj
4) 형용사에서 형용사 파생접사: Adj → Adj
5) 부사에서 형용사 파생접사: Adv → Adj

1)-3), 5)는 품사변경 파생접사이고, 4)는 품사유지 파생접사이다.

4.2.3.1. 동사에서 형용사 파생접사: V → Adj

-Ós: -ós/-ős

a) csíp'꼬집다'	csípős'무는, 쏘는 맛의'
fél'무서워하다'	félős'소심한, 겁이 많은'
harap'물다'	harapós'물어뜯는, 신랄한'
mulat'즐기다'	mulatós'즐거운'
ragad'붙다'	ragadós'끈적끈적한, 잘 붙는'
rág'씹다'	rágós'질긴'
ropog'바삭바삭소리나다'	ropogós'바삭바삭한'
siet'서두르다'	sietős'다급한, 절박한'
tart'지속하다'	tartós'지속적인'

b) tud'알다' tudós'학자'
ad'주다' adós'채무자'

어기의 동작을 지속적인 특성으로 나타내는 형용사를 만든다. b)와 같이 파생 형태가 명사가 되는 예도 있다.

-ékOny: -ékony/-ékeny

a) feled'잊다' feledékeny'잊기 잘 하는'
fog'잡다' fogékony'잘 받아들이는'
enged'허락하다' engedékeny'고분고분한'
tanul'배우다' tanulékony'가르치기 쉬운, 학습의욕이 있는'
foly-ik'흐르다' folyékony'액체의, 유창한'
hajl-ik'휘어지다' hajlékony'휘기 쉬운'
gördül'회전하다' gördülékeny'거침없는, 유연한'

b) érez'느끼다' érzékeny'예민한'
ingerel'자극하다' ingerlékeny'다혈질의'
terem'자라다' termékeny'생산적인'

어기의 동작을 '쉽게 잘하는 특성'을 나타내는 형용사를 만든다. 비-생산적인 파생접사이지만 사용 빈도가 높은 형용사들이다. 파생접사가 모음 é로 시작되므로 b)는 어기의 마지막 음절 모음이 탈락된 형태와 결합되었다.

-AtAg: -atag/-eteg

a) inog'흔들리다' ingatag'불안정한',
leng'흔들리다' lengeteg'흔들리는, 진동하는',
csügg'드리우다' csüggeteg'소심한, 겁을 먹은'
reng'진동하다' rengeteg'형. 매우 많은'

b) herv-ad'시들다' hervatag'빨리 시들어버리는'
tév-ed'틀리다' téveteg'불확실한, 잘 틀리는'

c) reng'진동하다' rengeteg'원시림'
siv-(ít)'스산한 소리내다' sivatag'사막'
d) balga'바보' balgatag'우둔한'
gyermek'어린이' gyermeteg'어린이 같은, 단순한'

이 파생접사는 대부분 a)의 자동사 또는 b)와 같이 파생동사의 어근형과 결합한다. 그러나 c)와 같이 명사 어기에 결합하여 형용사를 만들거나, d)에서와 같이 파생어가 명사인 경우도 있다.

-i:

játsz-ik'놀다' játszi'놀기 좋아하는'
les'지켜보다' lesi'주목하는'
marad'남아있다' maradi'보수적인'
zsugor-gat'인색하게 굴다' zsugori'인색한'

이 파생접미사는 동사 어기와 결합해서 대체로 유희적이고, 친근한 느낌의 형용사를 파생한다. (명사에서 명사를 파생하는 애칭, 지소 의미의 파생접미사 -i 와 비교)

이 밖에 형용사 파생접미사로서 분석은 가능하지만 비생산적 파생접미사들이 있는데 다음과 같다.

-Ánk: -ánk/-énk

nyal'핥다' nyalánk'식도락의, 미식의'
fél'무서워하다' félénk'두려운'

-Ag: -ag/-eg

hallgat'듣다' hallgatag'조용한, 말이 없는'
reszket'떨다' reszketeg'몸서리치는'

-A: -a/-e

leng'흔들리다' lenge'매우 가벼운'

pörög'돌다' pörge'회전하는' (헝가리 언어개혁시대의 조어 방법 참고)

4.2.3.2. 품사전성(konverzió) 형용사

일반적으로 품사전성이란 형태론적 작용에 의해 생긴 형태는 그대로 유지한 채 품사범주만 바뀌는 것을 말한다. 헝가리어에서는 동사의 현재 (진행) 분사형 -ó/-ő, 과거 (완료) 분사형 -t/-tt, 그리고 미래의 분사형 -andó/-endő 와 같은 문법적 형태가 어휘화하여 형용사가 된 경우가 많은데, 이를 품사전성에 의한 형용사 파생법이라고 한다.

동사 어기 → 형용사적 분사형 → 형용사

V V-adj Adj

-Ó: -ó/-ő

현재 진행의 분사형 파생접미사로서 빈도가 높고 생산적이다. 피동 동사를 제외한 모든 동사와 결합한다.

a) a lovakat fárasztó istállómester'말을 피곤하게 하는 마부'

b) fárasztó feladat'까다로운 과제'

동사 fáraszt'피곤하게 하다'의 현재분사형 fárasztó는 '피곤하게 하는' 의미의 분사형과 '까다로운' 의미의 형용사로 구분된다.

a) a gyerekeket szórakoztató színész'어린이를 즐겁게하는 배우'

b) szórakoztató műsor'오락 프로'

동사 szórakozik'즐기다'의 사동사 szórakoztat가 어기가 되어 형성된 현재분사형 szórakoztató은 '즐겁게 하는'을 뜻하는 분사형과 '오락의'를 뜻하는 형용사로 구분된다. 이러한 구분은 통사적, 의미적 해석을 통해 가능하다. 우리는 동사의 분사형이 형용사로 전성된 단어만을 형용사 파생어로 규정한다:

어기	파생어
érdemel'마땅하다고 여기다'	érdemlő'마땅한'
fáraszt'피곤하게 하다'	fárasztó'까다로운'
szórakoztat'즐기게 해주다'	szórakoztató'오락의'

어기의 여러 변이형과 결합하기도 하는데, 어근형태에 따라 품사가 달라진다:

어기	분사형	명사
ebédel	ebédel-ő'먹고 있는'	ebédl-ő'식당'
becsül	becsül-ő'평가하는'	becsl-ő'감정인'

존재동사 van의 현재분사형은 való, levő 두 가지가 있다. 이 가운데 való는 연속파생의 어기로서 다양한 파생접사와 결합된다.

어근	분사형	파생어
van	való	valóság'현실'

-hAtÓ: -ható/-hető

어기 동사가 가능의 파생접사 -hAt에 의해 파생된 경우 현재 분사형 접사 -ó/-ő 가 합성되어 형용사를 파생하는데, 이 경우 파생접미사 자체를 두 개의 파생접미사가 합성된 새로운 파생접미사로 규정하기도 한다. 이 파생접미사는 '부정'의미의 -hAtAtlAn 접미사와 대응짝을 이룬다. (이에 대하여는 '부정.부재'의 형용사 파생접미사에서 다시 살펴본다.)

어기	파생어
a) lát'보다'	látható'볼 수 있는'

iszik'마시다'	ihAtó'마실 수 있는'
eszik'먹다'	ehető'먹어도 되는'
mér'재다'	mérhető'잴 수 있는'
b) lesz'되다'	lehető'가능한'
keletkezik'생기다'	keletkezhető'생길 수 있는'

일반적으로 a)와 같이 '동작이 수행될 수 있는'의 피동 의미를 나타낸내지만, b)에서처럼 몇몇 능동의 의미를 나타내는 예도 있다.

-t/-tt(-ott/-ett/-ött)

완료의 분사형 파생접미사로서 아주 빈도가 높고 생산적이다. 피동 동사와 가능 동사를 제외하고 모든 동사와 결합한다. 특히 완료의 분사형은 연속파생의 어기로서 생산적인 파생소들과 결합하여 많은 추상적 어휘를 만든다.

어근동사	파생형용사/어기	파생명사
fárad'피곤해지다'	fáradt'피곤한'	fáradtság'피로'[27]
izzad'땀흘리다'	izzadt'땀에 젖은'	izzadtság'땀에 젖음, 노고'[28]
művel'가꾸다'	művelt'교양있는'	műveltség'교양'
olvas'독서하다'	olvasott'박식한'	olvasottság'박식'

-AndÓ: -andó/-endő

미래의 분사형 파생접미사로서 거의 사용되지 않으며, 파생어는 대부분 완전한 형용사가 되었다. 파생접사의 의미는 어기 동작의 필요성을 나타낸다.

27) 동사 fárad에서 파생된 명사 fáradság'노력'와 반복적 의미의 파생접사 -z(ik) 와 결합하여 만들어진 동사 fáradozik'애쓰다, 노력하다'의 파생명사 fáradozás'수고'와 구분할 것.
a) fáradság nélkül'힘들이지 않고'
b) Köszönöm a fáradozásodat!'애써 주어 고맙다'

28) izzadság'땀'헝가리어에서 '땀'을 뜻하는 또 다른 명사 verejték가 있다. 형용사 파생접사 -s와 결합한 형태 verejtékes'땀투성이의, 애쓰는', 동사 파생접사 -zik 에 의한 파생동사 verejtékezik'땀을 뚝뚝 흘리다'가 있다.

어기		
áll'서다'	állandó'지속적인'	~ bizottság'상설 위원회'
lesz'될 것이다'	leendő'앞으로 될'	~ leendő orvos'의과대학생'
megold'해결하다'	megoldandó'해결될'	~ feladat, kérdés'해결해야 과제, 문제'
fizet'지불하다'	fizetendő'지불해야 할'	~ összeg'지불해야 할 액수'
ad'주다'	adandó'주어질, 있게 될'	~ alkalommal'주어지는 기회에'

4.2.3.3. 명사에서 형용사 파생접사: N → Adj

-(V)s: -s/-as/-os/-es/-ös

가장 자주 사용되는 형용사 파생접미사이며, 주로 보통명사와 형용사에 결합된다. 파생접미사의 의미는 의미에 따라 두 가지로 구분되는데, 어기의 의미가 나타내는 '사물, 존재, 특성이 있음' 또는 '어기와 유사함'의 뜻을 갖는 형용사를 만든다.

1) '어기 명사의 특성이 있는'

어기	파생형용사-(V)s
a) fa'나무'	fás'나무가 있는'
alázat'겸손'	alázatos'겸손한'
gőg'거만'	gőgös'거만한'
b) fodor'레이스'	fodros'레이스의'
cukor'설탕'	cukros'설탕이 있는'
hatalom'힘'	hatalmas'막강한'

a)는 형용사 파생접사 -(V)s의 다양한 변이형들이 어근의 모음배열에 따라 모음조화하는 형태를 보여주고 있다. b)는 어기가 2음절 이상인 경우 모음으로 시작되는 접사와 결합하면서 어기 모음이 탈락하는 예들이다. 1)의 형용사 파생접사 -(V)s는 어기의 '존재, 특성을 갖고 있음'을 나타내는 형용사들만이 '부재,

부정'의 형용사 파생접사 -tlAn에 의한 형용사 대응짝이 있다. 이에 대해서는 다음에 다시 언급한다.

c) 어기	-(V)s	-tlAn
szerencsé	szerencsés'운좋은'	szerencsétlen'불행한'
velő'골수'	velős'의미심장한'	velőtlen'맥빠진'

2) '어기 명사와 비슷한, 닮은'

a) dalia'영웅, 미남' daliás'영웅같은'
lány'소녀' lányos'소녀같은'
gyermek'아이' gyermekes (viselkedés)'어린애같은 (태도)'
b) magyar'헝가리의' magyaros'헝가리다운'
öreg'늙은' öreges'늙은티 나는'
c) család-i'가정의' családias'가정적인'
szeged-i'세게드의' szegedies'세게드다운'
falu-si'시골의' falusias'시골풍의'
d) lila'보라색의' lilás'보랏빛 나는'
kék'파란' kékes'푸르스름한'

위의 예들은 형용사 파생접사-(V)s가 '어기 명사와 비슷한, 닮은'의 뜻을 나타낸다. 이러한 의미는 b)의 형용사 어기 또는 c)의 파생형용사 어기와 결합할 때도 적용된다. 또한 d)와 같이 어기 의미의 약한 정도의 특성을 표현하기도 한다.

이 밖에 부사, 후치사 어기와 결합하여 형용사를 만들기도 한다.

3) 부사	파생어
a) futólag'급하게'	futólagos'대충의'
folytatólag'연속해서'	folytatólagos'연속적인'

후치사	형용사	명사
b) helyett	helyett-es (tanár)'부 (교수)'	helyettes'대리'
együtt	együtt-es (munka)'단체 업무'	együttes'단체'

a)의 어기는 동사의 분사형 futó, folytató에 부사 파생접미사 -lag/-leg이 결합된 형태로서 형용사 파생접미사와 결합하여 연속 파생된 예이다. b)의 예는 어기가 후치사로서 형용사 파생접사가 결합되어 생긴 형태가 품사전성되어 명사가 파생되었다(형용사에서 명사파생 150쪽 참고).

형용사 파생접사 -(V)s의 또 다른 중요한 의미는 단위, 순서, 시간 등의 개념과 결합하여 화폐, 나이, 일련번호 등을 표현하는 것이다. 이 경우에 파생접사의 어기는 수식성분인 수사와 명사가 합성된 형태인 것이 특징적이다.

4)

어기	파생어
a) forint'포린트'	*forintos
ezer forint'천 포린트'	ezerforintos (papírpénz)'천 포린트짜리 지폐'
b) év'년'	*éves
két év'2년'	kétéves'2년된'
két sor'두 줄'	kétsoros'두줄로 된'

단순 명사에 파생접사가 결합된 형태 forintos, éves, soros는 의미적, 통사적으로 자립적이지 못하고 언제나 수사 수식어를 필요로 하기 때문에 그 자체로서는 헝가리 어휘목록에 들어있지 않다. a)의 화폐단위나 b)의 나이 시각을 나타내는 명사가 어기인 경우에 수사 수식어와 어기 명사가 합성된 형태에 형용사 파생접미사가 결합된다.

-(j)Ú: -ú/-ű, -jú/-jű

-(j)Ú에 의해 파생된 형용사는 형태적으로는 자립적이지만 통사적으로는 반

드시 형용사 수식어를 요구한다. 즉 수식어와 어기 명사가 이루는 명사구 전체와 결합하는 것으로 해석할 수 있다. 명사구의 핵 또는 합성어의 뒷성분이 되는 명사와 결합하여, '무엇이 있는, 구비된' 의미를 나타낸다.

	어기	파생형	
a)	orr'코'	*orrú	nagy orrú'코가 큰'
	ujj'손가락'	*ujjú	hosszú ujjú'손가락이 긴'
	élet'인생'	*életű	rövid életű'짧은 생의'
	tekintet'표정'	*tekintetű	fáradt tekintetű'피곤한 표정의'
	elme'정신'	*elméjű	éles elméjű'날카로운 지성의'
b)	marok'손바닥'	*markú	[szűkmark]-ú'인색한, 작은 손을 가진'
	kéz'손'	*kézű	[bőkez]-ű'손이 큰'

이 파생접사와 같이 단순 어기와 결합하지 못하고 언제나 수식어가 있는 명사구나 합성명사와만 결합이 가능한 파생을 통사적 파생이라고 한다. a)에서와 같이 파생형태가 수식어와 함께 통사구의 형태로 사용되거나, b)와 같이 어기가 합성어 형태로 형용사 파생접사와 결합하기도 한다. 이렇게 파생된 형용사는 '소유하고 있는'의미를 나타내낸다. 이 파생접사에 의한 파생형용사와 그것이 수식하는 명사는 의미적으로 '분리가 불가능한 소유, 존재'이다.

이는 의미적으로 형용사 파생접사 -s 에 의해 파생된 형용사와 유사한데, 다른 점은 수식되는 명사와 '분리가 가능한 소유나 존재'를 뜻한다.

NP = Adj + N	AdjP: Adj + N-Adj + (N)
hosszú haj'긴 머리'	hosszú hajú (lány)'긴 머리 소녀'
kockás ing'체크무늬 셔츠'	kockás inges (hallgató)'체크무늬 셔츠를 입은'

-i (-si)

매우 빈도가 높고 생산적인 형용사 파생접미사로서, 그 자체의 어휘적 의미는 없고, 명사의 형용사적 사용, 수식어 기능을 하게 하는 접미사이다. 일반적으로

신분, 기관, 조직, 지역, 시간 등 보통 명사와 결합하거나 추상적 개념의 명사와 결합하여 형용사를 파생하지만, 부사, 후치사와도 결합하기도 한다.

신분: rokon-i'친척의', barát-i'친구의', testvér-i'형제의', tanár-i'교수의'
조직, 단체: gyár-i'공장의', üzem-i'회사의', egyetem-i'대학의'
지역: magyarország-i'헝가리의', balaton-i'벌러톤의', debrecen-i'데브레첸의'
falu-si'시골의'
시간: ide-i'올해의', év-i'연간', het-i'주당', tél-i'겨울의'
추상적 개념: világnézet-i'세계관의', gondolkodás-i'사고의', művészet-i'예술의'
부사, 후치사: fent-i'위의', kint-i'밖의', alul-i'아래의', (ajtó) mellett-i'(문) 옆의'

-beli

빈도가 높고 생산적인 파생접미사이며, 격어미소-ban/-ben, -ba/-be, -ból/-ből + való 구절이 압축된 형태이다. 주로 공간, 장소를 뜻하거나, 시간, 상태를 나타내는 어기와 결합하여 '어디에 속하는, 어디에서 유래하는, 연관된' 등의 의미를 표현한다.

공간:	házbeli'건물 안의, 집 안의'	helybeli'지역 내부의'
	falubeli'마을 안의'	társaságbeli'사회 내부의'
	egyesült államokbeli'미합중국 내의'	
시간:	korabeli'그 시대의'	XIX. századbeli'19세기의'
상태:	ízlésbeli'개성과 관련한'	becsületbeli'평가와 관련된'
방법:	írásbeli'필기의'	szóbeli'말로 하는, 구두의'

파생접미사 -i 와 -beli 의 비교

어기	-i	-beli
a) hely	helyi'지역의'	helybeli'지역(내부)의'
b) utca	utcai (szoba)'길가쪽 방'	(egy) utcabeli '같은 거리에 사는'

c) egyesült államok　*egyesült államoki　egyesült államokbeli'미합중국의'

a)와 같이 두 가지 파생접사가 의미 차이 없이 다 쓰일 수 있거나, b)에서와 같이 둘 다 쓰이기는 하지만 의미 차이가 있는 경우, 그리고 c)와 같이 한 가지 파생접사만 결합가능한 명사가 있다.

-nyi: 파생어는 대강의 척도, 정도를 표현한다.

명사 기초어: ujjnyi'손가락만한'　arasznyi'한뼘 넓이의'
tenyérnyi'손바닥만한'　tengernyi'바다만큼'
morzsányi'부스러기만큼'　mákszemnyi'양귀비씨만큼 작은'
수사 기초어: ezernyi'천 정도의'　milliónyi'백만 정도의'

예외적으로 소유어미가 있는 명사에도 나타난다: öklö*m*nyi'내 주먹만한' (-m:1인칭소유어미)

-sÓ: -só/-ső

hát'등'	hátsó (oldal)'뒤 (면/장)'
közép'가운데'	középső (gyerek)'가운데(아이)'
szél'가장자리'	szélső'끝의, 극단의'[29]
utolsó'맨 마지막'	utolsó (divat)'최근(유행)'
végső'최후의'	végső (cél)'최종(목표)'

4.2.3.4. 부정과 부재(tagadó, fosztó)의 형용사 파생접사

-(A)tlAn: -(a)tlan/-(e)tlen, -tAlAn: -talan/-telen

부정 또는 부재의 파생접미사(tagadó v. fosztó képzők)로 일컫는 파생접미사는 동사 어기와도 결합하고, 명사 어기와도 결합한다. 동사에서 파생된 형용사는

29) szélsőjobb(oldali)'극우의' szélsőség'극단주의'

동사 동작을 '하지 않음, 아님, 부정'을 뜻하고, 명사에서 파생된 경우에는 어기의 존재가 '없음, 부재'를 뜻한다.

파생접사의 변이형은 1음절 형태 -(A)tlAn과 2음절 형태 -tAlAn의 두 가지가 있다. -tlan/-tlen 변이형은 모음으로 끝나는 어근과 결합하며, 자주 -talan/-telen 변이형과도 교체된다: szó-tlan ~ szó-talan. 자음으로 끝나는 어근에는 선행모음 변이형인 -atlan/-etlen 이나 -talan/-telen 변이형(이 경우 어근은 사전에 제시된 자립형)이 결합한다.

a) -(A)tlAn

-tlan	gyanú'의심'	gyanú-tlan'악의 없는'
-tlen	béke'평화'	béké-tlen'불안한'
-atlan	árt'해를 끼치다'	árt-atlan'결백한'
-etlen	kegy'은혜, 총애'	kegy-etlen'무자비한'

b) -tAlAn

-talan	nyug-szik'쉬다'	nyug-talan'침착하지 못한'
-telen	szem'눈'	szem-telen'염치없는'

c) -(A)tlAn ~ -tAlAn

só'소금'	só-tlan ~ só-talan (ember)'소금기 없는, 싱거운(사람)'
lélek'영혼'	lelk-etlen (ember)'냉혹한, 무정한(사람)'
	lélek-telen (munka)'맥 빠진, 지루한 (일)'

때때로 só'소금' 와 같이 두 가지 파생접사 변이형과 동시에 결합되어 동일한 의미로 사용되는 단어가 있는 반면, lélek'영혼'과 같이 접사 변이형에 따라 파생어의 의미가 차이가 나는 경우도 있다.

1) 동사 어기와 결합할 때: V + -(A)tlAn, -tAlAn

부정 의미의 형용사 파생접미사는 동사 어기와 결합하면 '동작을 수행하지 않는'의 의미를 나타내는데 명사 어기와 결합하는 경우에 비해 빈도가 높지 않고 생산적이지 않다. 긍정 대응어는 어기의 완료 분사형인 경우가 많은데, 파생어에 따라 긍정 대응어가 없는 경우도 있다.

어근	부정의 형용사	긍정 대응어
a) áld'축복하다'	áldatlan'불행한 축복받지 못한'	áldott'축복받은'
érint'건드리다'	érintetlen'건드리지 않은'	érintett'접촉된'
tanul'배우다'	tanulatlan'배우지 않은, 무학의'	tanult'학식이 있는'
készül'준비하다'	készületlen'채비하지 않은, 즉석의'	készült'준비된'
b) bosszul'벌주다'	bosszulatlan'벌 받지 않은'	
esik'떨어지다'	esetlen'아둔한, 서툰'	
mosdik'세수하다, 닦다'	mosdatlan'씻지않은. 불결한'	
mélt'합당하다'	méltatlan'가치가 없는, 부당한'[30]	méltó'합당한'
c) nyug-szik'쉬다'	nyugtalan'침착하지 못한'	nyugodt'차분한'
szűn-ik'멈추다'	szüntelen'쉬지 않는'	
nincs'없다'	nincs-telen'극빈의'	

-hAtAtlAn: -hatatlan/-hetetlen

동사 어기와 결합하는 부정의 파생접미사로서 빈도가 높고 생산적인 파생접미사이다. 이 접미사는 가능의 파생접미사와 부정의 형용사 파생접미사가 합성된 형태이지만 피동의 의미를 나타낸다.

어기	부정의 형용사	긍정 대응어
a) ért'이해하다'	érthetetlen'이해할 수 없는'	érthető
emészt'소화하다'	emészthetetlen'소화되지 않는'	emészthető
gyógyít'치료하다'	gyógyíthatatlan'치료불가능한'	gyógyítható
használ'사용하다'	használhatatlan'사용할 수 없는'	használható
pótol'보충하다'	pótolhatatlan'없어서는 안될'	pótolható

30) 'mélt'는 고어로서 현대어에는 없어진 동사이지만 형용사 파생접사의 어기로 사용되며 또한 연속파생에 의해 동사파생소 -kodik과 결합하여 méltatlankodik'분개하다, 화내다'

elenged'놓아주다'	elengedhetetlen'불가결한'	elengedhető
kibír'견디다'	kibírhatatlan'견디기 어려운'	kibírható
tesz'하다'	tehetetlen'무력한'	tehető
b) fárad'피곤해지다'	fáradhatatlan'지치지 않는'	
hal'죽다'	halhatatlan'불멸의'	
él'살다'	élhetetlen'고아로 살기가 어려운'	
tel-ik'충분하다'	telhetetlen'만족하지 못하는'	

2) 명사 어기와 결합하는 경우: N + -t(A)lAn

어기의 품사는 주로 보통명사이며, 파생접사의 의미는 '부재, 없음'이다. 모음으로 끝난 어기에는 -tlan/-tlen 변이형이 결합되며, 자음으로 끝난 어기에는 접속모음이 있는 변이형 -atlan/-etlen이 결합되거나 2음절 변이형 -talan/-telen과 결합한다.

어기	파생어	긍정 대응어
a) béke'평화'	békétlen'불안한'	békés'평화로운'
gyanú'의심'	gyanútlan'악의 없는'	gyanús'의심스러운'
felhő'구름'	felhőtlen'구름 없는, 맑은'	felhős'구름 낀'
b) egy'하나'	egyetlen'하나밖에 없는'	egyes'하나의'
egyen'하나로'[31]	egyenetlen'고르지 않은'	egyenes'고른, 똑바른'
termék'생산품'	terméketlen'비생산적인'	termékeny'생산적인'
következtet'귀결'	következetlen'모순된'	következetes'논리적'
c) alkalom'사정, 기회'	alkalmatlan'적합지 않은'	alkalmas'적합한'
ártalom'해로움'	ártalmatlan'무해한'	ártalmas'해로운'
türelem'인내, 참을성'	türelmetlen'조급한'	türelmes'참을성 있는'
d) alap'기초, 근거'	alaptalan'근거없는'	alapos'상세한'
érdek'관심'	érdektelen'무관심한'	érdekes'흥미로운'

31) egyen은 egy에 부사격 접사-en이 결합된 어기로서 형용사 파생접사와 결합한 것이다.

érdem'공로, 보상'	érdemtelen'공로가 없는'	érdemes'가치 있는'[32]
jog'법, 권리'	jogtalan'부당한'	jogos'정당한'
kép'그림, 사진'	képtelen'있을 수 없는'	képes'능력이 있는'
szám'숫자'	számtalan'셀 수 없는, 수많은'	számos'수많은'
szín'색'	színtelen'밋밋한'	színes'현란한'
szem'눈'	szemtelen'뻔뻔한'	szemes'영리한'
e) barátság'우정'	barátságtalan'불친절한'	barátságos'친절한'
igazság'진실, 진리'	igazságtalan'불법의'	igazságos'공정한'
eredmény'결과'	eredménytelen'성과없는'	eredményes'성공적'
f) méltány-	méltánytalan'불공평한'	méltányos'공평한'
korlát'한계, 제한'	korlátlan'무제한의'	korlátolt'제한된'
mez'복장'	meztelen'벌거벗은'	

3) 형용사 어기와 결합하는 경우 : Adj + -(A)tlAn

형용사 어기가 나타내는 의미를 부정한다. 모음으로 끝난 어기에는 -tlan/-tlen 변이형이 결합되며, 자음으로 끝난 어기는 -talan/-telen와 결합한다.

어기	파생어
a) kedvező'유리한'	kedvezőtlen'불리한'
őszinte'솔직한'	őszintétlen'솔직하지 않은'
b) célszerű'목적에 맞는'	célszerűtlen'목적에 반하는'
ésszerű'합리적인'	ésszerűtlen'비합리적'
szabályszerű'규정대로의'	szabályszerűtlen
tervszerű'계획적인'	tervszerűtlen'무계획한'
c) bátor'용감한'	bátortalan'소심한'
szerény'겸손한'	szerénytelen'외람된'

32) érdem에서 파생된 형용사는 érdemi = érdemleges'당면한 일에 적절한'이 있다.

4.2.3.5. 형용사에서 형용사 파생접사

비-생산적이며 빈도가 낮은 파생접사들이지만, 어기 형용사의 어감이나 뉘앙스를 바꾸어 섬세한 묘사를 할 수 있는 기능을 한다.

-(V)s

a) magyar	magyaros'헝가리다운'
öreg	öreges'늙은티 나는'
b) lila	lilás'보랏빛 나는'
kék	kékes'푸르스름한'

이 파생접사는 명사에서 형용사를 파생하는 매우 생산적인 파생접사이지만, 형용사와도 결합하여 '어기의 의미와 비슷한, 닮은'의 새로운 뉘앙스를 표현하는 형용사를 파생한다. a)와 b) 같은 형용사 어기는 비교급 형태가 없는 명사 범주에 속하는 형용사들이다.

	어기	파생형용사
a) -ed	könnyű'쉬운'[33]	könnyed'날렵한, 유창한'
b) -dAd: -dad/-ded[34]		
	édes'사랑스런'	édesded'귀여운'
	kerek'둥근'	kerekded (betű) '둥근 모양의'
	gömbölyű'공 모양의'	gömbölyded (arc)'둥그스름한'
c) -kÁs: -kás/-kés		
	hosszú'긴'	hosszúkás'장방형의'
	kövér'뚱뚱한'	kövérkés '통통한, 약간 살이 찐'

33) könnyű'쉬운'를 어근으로 파생된 형용사 könnyelmű'경박한, 천박한', 그리고 명사 파생형 könnyelműség'경박, 천박'을 비교할 것.

34) 명사 어기와 결합한 예도 있다: tojás'달걀', tojásdad'달걀 모양의'

	édes'달콤한'	édeskés'달착지근한'
	fanyar'떫은'	fanyarkás'쓰디쓴'
	savanyú'신'	savanykás'시큼한'
d) -kes	nehéz'어려운'	nehézkes'까다로운, 성가신'

위의 형용사에서 형용사를 파생하는 접사들은 비-생산적이고 빈도가 낮으며, 어기 의미의 변화도 크지 않다. 어기의 어감, 뉘앙스를 새롭게 표현하는 기능을 하는데, b)와 c)에서와 같이 형용사의 의미에 따라 파생접사를 선택적으로 취한다. 예를 들어 édes는 형상과 관련된 의미에는 -ded를 취하고, 맛과 관련한 의미인 경우에는 -kés와 결합한다.

4.2.3.6. 부사에서 형용사 파생: Adv → Adj

이 부사 범주에는 부사, 파생부사, 후치사, 동사전철 등이 포함된다. 이들 부사류 단어들이 어기가 되어 형용사를 파생한다.

-(V)s

부사	형용사
a) gyalog'걸어서'	gyalogos'도보의'[35]
vissza'거꾸로, 도로'	visszás'잘못된, 불합리한'[36]
b) futólag'급하게'	futólagos'대충의'
folytatólag'연속해서'	folytatólagos'연속적인'

c) 후치사

helyett	helyett-es (tanár)'부 (교수)'	helyettes'대리'
együtt	együtt-es (munka)'단체 업무'	együttes'단체'

35) 파생형용사 gyalogos (ember)는 명사로 전성되어 '보행자', '보병'(=gyalogjáró)을 뜻하기도 한다. 헝가리어에서 형용사는 명사의 하위 범주에 속하는 품사로서, 이 둘은 비교급 형성 가능성에 의해서만 구분된다.

36) 연속파생에 의한 파생명사 visszásság'불합리, 결점'이 있다.

a)는 부사 또는 동사전철 vissza가 어기인 파생형용사이고, b)의 어기는 동사의 분사형 futó, folytató에 부사 파생접미사 -lag/-leg이 결합된 형태로서 형용사 파생접미사와 결합하여 연속 파생된 예이다. c)의 예는 어기가 후치사로서 형용사 파생접사가 결합되어 생긴 형태가 품사전성 konverzió 되어 명사가 되었다.

4.2.3.7. 복합 형용사 파생접사

파생접사들이 결합되어 또 다른 파생접사를 만드는데 이를 복합 파생접사라 한다. 어기가 파생어이고, 이 어기에 형용사 파생접사가 결합하면 이를 연속파생이라 하는데, 복합파생접사는 이러한 연속파생어에서 어근과 파생접사 부분이 분리되어 독자적인 파생접사로 기능한다.

기수와 부정수사와 결합하여 형용사를 파생하는 파생접미사

a) -szori/-szeri/-szöri: 배수격어미 -szOr + 형용사 파생접사 -i
-szoros/-szeres/-szörös: 배수격어미 -szOr + 형용사 파생접사 -Vs

어기	-szori/-szeri/-szöri
három'셋, 3'	háromszori'세번의'
ötöd'1/5'	ötödszöri'다섯번째의'
hányad'몇 번의'	hányadszori'몇번째의'
néhány'서넛'	néhányszori'서너번의'

어기	-szoros/-szeres/-szörös
négy'넷, 4'	négyszeres'네배의'
tíz'열, 십'	tízszeres'열배의'
sok'많은'	sokszoros'복합의, 다양한'

b) -ságos/-séges: 명사 파생접사 -sÁg + 형용사 파생접사 -Vs

어기	-ság+-os/-séges
jó'좋은'	jóságos'성격이 아주 좋은'
tanul'배우다'	tanulságos'교훈이 있는/많은'

c) -(s)ias/-(s)ies: 형용사 파생접사 -(s)i + 형용사 파생접사 -As

család'가정'	családias'가정적인'
Szeged'세게드'	szegedies'세게드다운'
gép'기계'	gépies'기계적인'
falu'시골'	falusias'시골풍의'

d) -lagos/-leges: 부사 파생접사 -lAg + 형용사 파생접사 -Vs

vagy'혹은(접속사)'	vagylagos'양자택일의'
érdem'요점'	érdemleges'정곡을 찌르는'

4.2.3.8. 합성어의 뒷성분과 유사한 형용사 파생접사

형태상으로 합성어의 뒷성분을 연상시키지만, 자립적으로 쓰이지 못하므로 파생접사의 범주에 속한다. 사용 빈도가 높고 생산적인 파생접미사들이다. -féle, -fajta, -szerű는 모음조화 변이형이 없는 형태로서 표기에 있어서 주의를 요한다. 즉 인명과 결합할 때는 연결기호(- 하이폰)와 함께 쓰는 반면, 보통명사와는 연결기호 없이 표기한다.

-féle'..종류의, 부류의, 비슷한 류의'

	어기	파생어
인명:	Dózsa'도저'[37]	(a) Dózsa-féle (parasztfelkelés)'도저의 농민봉기'

37) Dózsa György(대략 1470-1514): 오스만 터키에 맞서 싸운 농민봉기의 지도자

보통명사:	cipő'신발'	cipőféle'신발류'
형용사:	rossz'나쁜'	rosszféle'난잡한'
부사:	külön'별도로'	különféle'여러 가지'
수사:	száz'100'	százféle'백가지의'
대명사:	ilyen'이런'	ilyenféle'이와 같은, 이런 식의'

-szerű'비슷한, ~ 에 따른'

지명:	Mecsek[38)]	Mecsek-szerű'메첵 산맥 비슷한'
보통명사:	álom'꿈'	álomszerű'몽환적인'
	cél'목표'	célszerű'합목적적'
	terv'계획'	tervszerű'계획대로의'

-fajta'비슷한, 같은 종류의'

명사	anyja'그의 엄마'	anyjafajta'그의 엄마 부류의'
	magam'나자신'	magamfajta'나같은 부류의'
형용사:	olyas'그런'	olyasfajta'그런 종류의'
	jó'좋은'	jófajta'좋은 종류의'
대명사:	más'다른'	másfajta'다른 종류의'
수사:	sok'많은'	sokfajta'여러 종류의'

소유인칭기호가 결합된 명사형 anyja, magam과 결합하는 특징을 보이며, 형용사를 어기로 하는 경우에는 독자적 단어로 기능하기도 한다.

hízékony'살찌는' hízékony fajta'살찌는 부류'

fajta는 본래 독자적 명사였으나 파생접사의 기능으로 사용되다가 다시 단어가 되는 어휘화의 과정에 있다고 볼 수 있다.

---

38) 헝가리 서남부 지역의 산맥

4.2.4. 수사 파생접사

-Vd(-ad/-od/-ed/-öd)

기수에 결합하여 분수를 파생시키거나, 배수의 앞성분 기능(-szor/-szer의 앞성분)을 하는 서수를 만든다.

négy	negyed'1/4'	(egy) negyed	negyedéves'4학년생'
öt'5'	ötöd'1/5'	(egy) ötöd	ötödfél'4½'
három'3'	harmad'1/3'	kétharmados (többség)'2/3 개헌선 (다수당)'	

-Vdik(-adik/-odik/-edik/-ödik)

기수를 서수로 만드는 파생접사

három'3'	harmadik'제3, 세번째'
négy'4'	negyedik'제4, 네번째'
öt'5'	ötödik'제5, 다섯번째'
hat'6'	hatodik'제6, 여섯번째'
tizenegy[39]'11'	tizenegyedik'열한번째'
huszonegy'21'	huszonegyedik'스물한번째'(huszonegyedik század'21세기')
huszonkettő'22'	huszonkettedik'스물두번째'

파생법에서 중요한 점은 '다양한 파생접사'라 하더라도 그 종류는 전체 어휘에 비하여 매우 소수이고 제한적이며, 그 의미와 기능이 체계적으로 적용된다는 점이다. 제한된 수의 파생접사와 기존의 어휘를 활용하여 가능한 한 많은 단어들이 만들고자 하는 것이 파생법의 원리일진대, 헝가리어는 이러한 파생법을 십분 활용하여 풍부한 어휘체계를 확립했다.

파생법은 합성법에 비하여 쉽게 적용할 수 있는 어휘 확대 방법이 아니다. 파

39) 기수 1, 2의 서수 형태는 유럽어의 경우와 같이 서수의 파생접사에 의해 형성되지 않고 독자적인 형태를 취한다: egy의 서수형은 első'첫번째'이고, kettő의 서수형은 형용사 más'다른'이 어기가 되어 서수 파생접사와 결합된다: második'두번째'

생접사는 필요에 따라 그 때 그 때 만들어 쓸 수 있는 것이 아니며, 역사적, 문화적으로 어휘 확대의 필요성을 자각하고 언어의 근대화를 성공적으로 이룩한 언어들에서만 가능한 단어형성법이다. 이는 파생접사도 새로 만들어지면 새로운 어휘와 똑같이 언어공동체에 전파되고 또한 이들에 의해 받아들여져야 하기 때문이다.

5. 합성법(szóösszetételek)

5.1. 합성법의 개념과 일반적 특징

합성법은 기존 어휘들을 결합하여 새로운 어휘를 만드는 방법이다. 이미 존재하는 단어들을 둘 또는 그 이상의 단어들을 결합하여 새로운 개념을 표현하는 단어를 만들기 때문에 가장 생산적인 조어법이다. 합성어의 성분이 되는 단어들은 의미적, 통사적으로 밀접한 관계에 있거나, 임의적으로 결합되기도 한다.

5.1.1. 합성어의 구조

합성어를 구성하는 단어들은 둘 또는 그 이상일 수 있으나 기본적으로 양분구조이다. 즉, 앞성분(előtag)과 뒷성분(utótag)의 양분 구조를 갖는데, 각 성분은 단순어, 파생어, 합성어일 수 있다.

합성어	=	앞성분(előtag) + 뒷성분(utótag)	
nyugdíj'연금'		nyug-	díj
nyugdíjalap'연기금'		nyug+díj	alap'기금'
nyugdíjkorhatár'퇴직연령'		nyug+díj	kor'나이'+határ'경계'
nyugdíjjogosult'연금수령 가능한'		nyug+díj	jog-osul-t'자격이 있는'

두 단어의 결합에 의한 합성어 nyugdíj'연금'는 다시 앞성분이 되어 다양한 형

태와 개념의 뒷성분과 결합하여 여러 합성어를 만들어내는 구조이다. 합성어는 의미적 자립성을 기준으로 양분 구조로 분석된다.

예를 들어 세 단어가 결합된 합성어 hétköznap'주중의 평일'의 경우 의미적으로 자립적이고 다른 합성어에도 쓰이는 성분과 그렇지 못한 성분을 구분하여 분석한다.

	앞성분 + 뒷성분
hét + köz +nap → hét + *köznap	hétköz- + nap

가운데 성분 köz'중간, 사이'는 주로 뒷성분으로 쓰이는 명사이다. 의미적으로 '무엇의 중간, 사이'를 뜻하므로 hétköz-은 의미적 결합이 가능한 반면, *köznap은 불가능하다.

또한 합성어의 성분이 형태적으로 비자립적인 경우에는 자립적 성분을 기준으로 하여 양분한다.

a) teg-nap'어제', hol-nap'내일'

b) tandíj-mentes'등록금 면제의', internet-függő'인터넷중독의'

a)는 앞성분, teg-, hol-이 비자립적이고, 뒷성분 nap'날'이 자립적인 예이다. 뒷성분 nap은 다른 자립적 단어들과 결합하여 합성어를 만든다: születésnap'생일', ünnepnap'축일'

b)의 예는 -mentes'면제된', -függő'달려있는' 뒷성분이 독자적으로는 쓰이지 못하고 파생법과 유사한 특징을 나타낸다. 파생접사의 기능이 어기의 의미를 변형시키는 것이라면, 합성어에서 앞성분이 동일한 경우, 뒷성분이 동일한 합성어들의 관계는 파생법에 의한 단어형성과 유사한 효과를 나타낸다. 자립적 단어이지만 자주 합성어의 성분으로 사용되면서 독자적인 기능을 잃고 파생접사와 유사한 기능을 하는 경우에 이를 준-파생접사(semi-suffixes)라고도 한다.[40]

40) 준-파생접사(semi-suffix)는 영어 등에서도 나타나는데 -berry, -monger, -wright -ista, -meister, -ville, audio-, bio-, cyber-, eco- geo-, radio-, techno-, tele-, video- 등을 일컫

이와 같이 뒷성분이 비 자립적인 경우는 합성법과 파생법의 경계에 있다고 할 수 있다. (아래 합성법과 파생법의 경계 181쪽 참고)

5.1.2. 다중 합성어의 구조

둘 이상의 단어가 결합된 것을 다중합성어라고 한다. 다중합성어도 양분 구조로 분석하는데, 주로 앞성분이 합성어이고 뒷성분이 파생명사인 경우이다. 다중합성어의 경우 여섯 음절까지는 붙여쓴다. 그 이상이면 긴밀한 관계에 있는 단어는 붙여쓰고 나머지 단어와는 연결표시(-)로 합성한다.

다중합성어	앞성분: 명사구	+	뒷성분: 파생어
a) földrajzinévgyűjtés'지명집'	földrajzi név'지명'	+	gyűjtés'모음'
házifeladat-készítés'숙제하기'	házi feladat'숙제'	+	készítés'행하기'
melegvíz-szolgáltatás'온수공급'	meleg víz'온수'	+	szolgáltatás'공급'
b) piros-fehér-zöld'헝가리 국기'	piros'빨간색'-fehér'흰색'-zöld'녹색'		
ötvenmillió-tízezer-ötszázhúsz[41]	'50,000,520'		

다중합성어의 앞성분은 본래 명사구 형태로 쓰이는데, 이 명사구에 다른 명사가 뒷성분으로서 합성을 하기 위해서는 정서법의 관점에서 붙여쓰기를 해야 한다. a)에서는 두 성분으로 구성된 명사구가 제 3의 성분과 결합하면서 합성되었다. 다중합성어는 여러 개념을 압축적으로 표현하기 위한 목적에서 사용되며 빈도에 따라 사전에 등재가 되지 않기도 하는 어휘이다.

b)는 다중 합성어 가운데 양분되지 못하는 예외들이다. 이들 성분은 병렬관계에 있기 때문이며, 수사의 경우 특징적이다.

는다. 헝가리어의 경우 자립 형식이 준-파생접사의 범주에 속하게 된 단어들이 있다. -mentes, -szomjas, -barát, -orientált

41) 숫자가 2,000 이상이면 연결표시로 나누어 표기한다.

5.1.3. 합성어의 품사

합성어의 품사는 일반적으로 뒷성분에 의해 결정되며, 또한 하나의 새로운 단어로 취급되므로 주로 뒷성분이 접사를 취한다.

합성어	앞성분 + 뒷성분	뒷성분-접사
hegyorom'산꼭대기'	hegy'산' + orom'꼭대기'	hegyorom-*ra*'부사격 어미'
형용사	명사 + 형용사	
felemás'어울리지 않는'	fele'절반' + más'다른'	felemás-*t*'목적격 어미'
형용사	형용사 + 형용사-비교급 접사	
jóindulatú'선량한'	jó'선한' + indulatú'의향의'	jóindulatú-*bb*'비교급 접사'
형용사	형용사+형용사	
dúsgazdag'갑부의'	dús'넉넉한' + gazdag'부유한'	dúsgazdag-ság'명사 파생접사'

그러나 느슨하게 연결된 병렬 합성어의 경우에는 앞, 뒤 성분 둘 다 접미사를 취한다.

ad-vesz'매매하다'	adás-vevés'매매'(-Ás : 명사 파생접사)
ken-fen'칠하다'	kent-fent'칠했다' (-t : 과거시제 접사)
ég-föld'천지'	égre-földre'천지에'(-rA : 부사격 어미)
ki-ki'모든 사람'	kinek-kinek'모두에게'(-nAk : 여격어미)

합성어 가운데 뒷성분의 품사와 무관하게 다른 품사가 되는 예들도 있다

a) épkézláb'신체건강한' ép'온전한'+ kézláb'손발'

b) négykézláb'네발로' négy'4' + kézláb'손발'

위의 두 합성어의 뒷성분이며 이 자체가 합성어인 kézláb'손발'는 kéz'손'와

láb'발'이라는 신체 부분의 의미적 대립개념으로서 통사적으로 병렬관계에 있다. a)의 앞성분인 ép'온전한'는 형용사로서 뒷성분 kézláb과 수식관계에 있다. 이 합성어의 품사는 뒷성분의 품사인 명사가 아니라 예외적으로 형용사이다. 비유적으로 '온전한, 멀쩡한'을 뜻하는 형용사로 의미전성이 일어난 것으로 해석된다. 반면에 b)의 négykézláb에서 뒷성분 kézláb는 앞성분인 수사 négy'4'와 결합하여 수사 '네 개의 손과 다리'를 뜻하는 성분들의 의미가 압축되어 '(네 다리로) 기어서' 라는 의미의 부사로 전성되었다. 이와 같이 합성어 가운데에는 의미적 은유와 비약 그리고 언어적 자의성에 의해 의미와 품사가 정해진 예들이 있다.

앞성분+뒷성분	합성어	앞성분+뒷성분
동사+동사→형용사	hányaveti'게으른'	hánya'던지다'+veti'던지다'
부사+명사→부사	hanyatt-homlok'곤두박질로'	hanyatt'뒤로'+homlok'이마'
명사+동사 →명사	hátvéd'수비'	hát'등'+véd'방어하다'

몇몇 부사어적 합성어는 뒷성분의 품사와 무관하게 품사가 명사이다.

명사 + 부사	földközel'근지점'	föld'지구' + közel'가까이'
	napközel'근일점'	nap'태양' +közel'가까이'
부사 + 형용사	százszorszép'데이지(꽃)'	százszor'백번' + szép'아름다운'

5.1.4. 합성어의 의미

합성어의 의미는 단순히 앞성분과 뒷성분의 의미의 총합이 아니라, 다소 변형되거나 완전히 다르다. 이러한 변형의 정도는 상당히 다른데, 두 가지 양극단으로서 하나는 합성어가 각 성분의 의미와 거의 다르지 않은 경우와 합성어가 각 성분의 원래 의미와는 완전히 다른 의미를 지닌 경우이다.

합성어	앞성분 + 뒷성분
a) aranygyűrű'금반지'	arany'금' + gyűrű'반지'

b) nagyapa'할아버지' 'nagy'큰' + apa'아버지'
kutyaszorító'성가심' kutya'개' + szorító'억누르는'

또한 단순한 어감의 차이, 즉 강조를 나타내는 경우가 많다.

búbánat'슬픔' bú'슬픔' + bánat'슬픔'
véges-végig'끝까지' véges'끝의' + végig'끝까지'

이와는 그 의미가 복합적이고, 둘 이상의 단어로 구성된 구절의 의미를 압축해서 나타내는 경우도 있다.

jegypénztár'표 파는 창구' jegy'표' + pénztár'창구'
porcukor'가루 같은 고운 설탕' por'먼지, 분말' + cukor'설탕'
munkanap'일하는 날, 평일' munka'노동, 일' + nap'날'

5.1.5. 합성어의 강세

합성어의 강세는 보통 앞 성분의 첫 음절이 주강세를 갖게 되며, 느슨한 합성에도 마찬가지로 첫 음절에 있다. 병렬 합성어의 경우 의미적으로 강조하기 위해 두 성분의 첫 음절에 다 강세가 있는 경우도 있다.

a) *hu*zavona'줄다리'
b) *le*-fel'아래위로', *á*zik-fázik'비오고 춥다', *tö*bbé-kevésbe'다소'
c) *bol*dog-*bol*dogtalan'누구나', *o*da-*viss*za'왕복으로'

5.1.6. 합성법과 파생법의 경계

합성어에서 두 성분이 결합할 때 특히 둘 중 한 성분이 다양한 단어와 교체되면서 새로운 단어를 만드는 경우가 있다. 이 때 다른 한 성분이 형태적, 통사적 자립성을 잃고 합성어의 한 성분으로만 쓰이는데, 이 경우는 파생법과 유사한 특징을 나타낸다.

예를 들어 한국어의 명사 '어린이, 늙은이, 젊은이'에서 뒷성분 '이'는 사람을 뜻하는 단어로서 홀로 쓰이지 못하는 비자립적 성분이다. 지시대명사와 함께 명사구를 구성할 때는 '이 이, 그 이, 저 이'로 형태적으로 자립적 단어이지만 통사적으로는 홀로 쓰이지 못하는 점에서 비-자립적 성분이다. 이 경우 '이'는 파생접사와 같은 기능을 한다.

명사구	합성어	파생어
이/그/저 이		
어린 이	어린이	어린-이
젊은 이	젊은이	젊은-이

헝가리어의 경우에 뒷성분이 파생접사와 같은 기능을 하는 합성어가 많다. 즉 앞성분이 자립적이고, 뒷성분이 비자립적인 경우, 이들은 파생접미사와 같은 기능을 한다.

	앞성분 +	뒷성분
a)		
könyvtár'도서관'	könyv'책'	tár'창고, 저장소'
szótár'사전'	szó'단어'	tár
gyógyszertár'약국'	gyógyszer'약'	tár
kincstár'국고'	kincs'보물'	tár
levéltár'기록보관소'	levél'편지'	tár
raktár'저장, 재고'	rak'쌓다'	tár
b) bélyegmentes'인지세 면제된'	bélyeg'우표'	-mentes'면제된, 없는'
illetékmentes'수수료 없는'	illeték'수수료'	-mentes
alkoholmentes'알콜없는'	alkohol'알콜'	-mentes
szénsavmentes'탄산없는'	szénsav'탄산'	-mentes
c) kábítószerfüggő'마약중독'	kábítószer'마약'	-függő'매달리는'
komputerfüggő'컴퓨터중독'	komputer'컴퓨터'	-függő

játékfüggő'게임중독'　　　　játék'게임'　　　-függő

a)의 뒷성분 tár'저장소'는 형태 의미적으로 자립적 단어이지만 홀로 쓰이기보다는 파생접사와 결합하거나 합성어의 뒷성분으로 쓰이는 단어이다. 이 경우에 뒷성분은 '장소'라는 일반적 의미인데 반해 앞성분의 의미는 합성어의 핵심 의미라고 할 수 있다. 파생법에서 '장소'를 표현하는 파생접사 -da/-de 와 같은 기능을 한다고 할 수 있다(파생접사 -da/-de 143쪽 참고).

b)와 c)의 뒷성분은 비-자립적 단어로 언제나 합성어의 뒷성분으로 쓰인다. 마찬가지로 뒷성분 -mentes'면제된'은 앞성분의 의미를 '부정, 부재'를 나타내는 파생접사 -talan/-telen와 비슷한 기능을 한다 (7.2. 합성법 221쪽 참고).

5.2. 합성법의 종류

단어합성은 두 가지 방식으로 이루어지는데, 문장 내적으로 이루어지거나, 문장 외적으로 이루어진다. 문장 내적 합성은 문장 안에서 단어들의 나열 순서대로 서로 이웃하는 성분들이 하나의 단어로 합성되는 방식이다. 반면에 문장 외적 합성은 형태, 통사적으로 관계가 없는 두 성분이 임의적으로 결합되어 새로운 단어가 만들어지는 것으로, 이 방식이 가장 빈번히 사용되고 또한 무제한으로 어휘를 만들어 수 있는 생산적인 조어법이다.

5.2.1. 문장 내적 합성법

1) 구조적 합성어

문장 안의 명사구, 동사구, 형용사구, 부사구 등의 통사구에서 합성어가 만들어진다. 따라서 앞성분 또는 뒷성분에 문법접사가 있는 형태로 결합된다.

VP: Adv/N + V: át'너머'+ megy'가다' → átmegy'건너가다'
haza'집으로' + megy'가다' → hazamegy'집에 가다'

egyet'하나를' + ért'이해하다' → egyetért'동의하다'

NP: Adj + N : drága'비싼' + kő'돌' → drágakő'보석'

kis'작은' + fiú'소년' → kisfiú'어린 남자아이'

AP: NP + V-Adj: élet-re'삶을 위해'+ való'존재하는' → életrevaló'융통성 있는'

AdvP: NP + V-Adv: kar-on'팔에'+fogva'잡으며' → karonfogva'팔을 끼고'

PP: NP + PP: dél'정오' + előtt'전에' → délelőtt'오전'

dél'정오' + után'후에' → délután'오후'

Duná-n'도나우강'+ túl'너머' → Dunántúl(지명)

특히 뒷성분이 동사에서 파생된 단어인 경우에 앞성분은 문법접사가 있는 형태로 결합된다. 이는 일종의 합성 파생어라고 일컬을 수 있는데, 합성이 일어나고 그 다음에 파생접사가 결합되는 구조이다. 예를 들어 동사구 자체가 명사 파생접미사 -ás/-és, -tal/-tel 또는 동사의 형용사적 분사형 접사 -ó/-ő에 의해 파생된 것으로 해석한다.

합성명사: N	NP: [Adv/NP + V]-N
távollét'부재, 멀리있음'	[távol'멀리' + lé]-t'존재'
együttérzés'동정'	[együtt'함께' + érz'느끼다']-és
közbelépés'조정, 중재'	[közbe'사이에' + lép'서다']-és
újjáépítés'재건'	[újjá'새로' + épít'세우다']-és
rendbehozatal'정돈, 수리, 복구'	[rendbe'질서에'+ hoz'가져오다']-atal
férjhezmenetel'시집, 결혼'	[férjhez'남편에게'+ men'가다']-etel

2) 비-구조적 합성어

문장 내에서 합성이 이루어지지만 두 성분 간에 통사적, 의미적 관계가 없이 이웃하는 성분들의 우연적 합성에 의해 형성된 단어를 비-구조적 합성어라고 한다. 비-구조적 합성어는 문장 안에서 성분들의 오랜 기간의 합성을 통해 형성되는데 강세가 앞성분에 있으며, 접사가 뒷성분과 결합한다는 합성어의 일반적 특징을 갖고 있다.

구조적 합성어와 다른 점은 앞성분과 뒷성분 사이에 통사적 관계가 없다. 즉 합성어의 품사나 의미의 중심이 되는 핵심성분 alaptag이 없으며, 합성어의 품사도 두 성분의 품사와 무관하게 결정된다. 또한 비-구조적 합성어는 어떤 연결된 문구나 제목으로 쓰인 단어들이 결합된 것으로 두 성분의 의미와는 전혀 다른 의미를 나타낸다.

1) 합성어	앞성분 뒷성분
a) hiszekegy'사도신경'	Hiszek egy (Istenben).'하느님을 믿습니다'
b) egyszeregy'구구단'	Egyszer egy (az egy).'1 곱하기 1은 1'
c) bárki'누구라도'	bár'접속사' + ki'누구, 의문대명사'
bármilyen'어떤 것이라도'	bár + milyen'어떤'
akárki'누구라도'	akár'접속사' + ki'누구'
akármilyen'어떤 것이라도'	akár'접속사' + milyen'어떤'
d) csaknem'겨우'	csak nem (hiszem)'믿지는 않는다'
hogyne'물론'	hogy ne (menne)'어떻게 안 갈 수가 있나'

a)의 사도신경은 카톨릭 교회의 신앙고백 기도문으로 헝가리어로는 Hiszek egy Istenben ..로 시작하는 카톨릭 교회의 신앙고백 기도문이다. 합성명사 hiszekegy'사도신경'는 기도문의 첫 문장의 첫 두 단어를 결합하여 만든 단어이다. b)도 마찬가지로 egyszer egy, az egy'일일은 일'로 시작하는 헝가리 구구단의 첫 두 단어를 결합하여 만든 합성어이다. c)는 접속사와 바로 뒤에 위치한 의문사가 결합되어 부정대명사, 부정형용사가 형성되었다. d)는 비-구조적 합성에 의해 만들어진 부사이다. 헝가리어에는 이러한 방식으로 형성된 합성부사가 풍부하다(합성부사 참고).

e) tejbekása'우유죽, 이유식'	tejbe'우유 안에' + kása'죽'
tejberizs'쌀우유 푸딩'	tejbe'우유 안에' + rizs'밥'

e)의 합성명사들은 앞성분에 문법접사가 있으므로 문장 내적 합성어이나 뒷

성분과 통사관계가 성립되지 않으므로 비-구조적 합성어이다.

2) 문장 또는 문장의 일부로 구성된 명사, 형용사 그리고 인사 형식들이 문장 내적 합성어에 속한다.

명사: nefelejcs'물망초' Ne felejts (engem)!'나를 잊지마라!'
nebáncsvirág Ne bánts (engem)!'나를 괴롭히지마라!'
haddelhadd'야단, 벌' Hadd el! Hadd!'두고보자!'
nemulass'책임질 일, 벌' Ne mulass!'홍청망청 놀지마라!'
adjonisten'안녕하세요' Adjon isten!(téged nekem)'하느님이 내게로 '
문장의 단어화: 문장 성분들이 모두 결합되어 하나의 단어가 된 것
Istensegíts'지역 이름(신의 가호)' Isten'신'+segíts'도우소서'
형용사:
nemtörődöm'무심한, 냉담한'
Nem törődöm vele'나는 아무 상관하지 않는다'
teddide-teddoda'욕심없는'
Tedd ide, tedd oda!'여기 놔라, 저기 놔라'

5.2.2. 문장 외적 합성법

문장 외적 합성은 문장 내적 합성과는 달리 어미소나 기호소가 없는 단어 형태로 합성되므로 길이가 짧고 의미가 압축적이다. 따라서 앞성분과 뒷성분의 통사관계는 문법표지에 의해서가 아니라 의미적 유추를 통해 해석된다.

합성어	명사	+ 명사
járőrkocsi'순찰차'	járőr'순찰'	kocsi'자동차'
rohamkocsi'구급차'	roham'돌격'	kocsi'자동차'
alapanyag'원재료'	alap'기초'	anyag'재료'
rejtekhely'은신처'	rejtek'은둔'	hely'장소'

paradicsomsaláta'토마토샐러드'	paradicsom'토마토'	saláta'샐러드'
jegypénztár'표 파는 창구'	jegy'표'	pénztár'돈받는 창구'
porcukor'가루설탕'	por'가루'	cukor'설탕'
munkanap'평일'	munka'노동'	nap'날'

이 밖에 앞성분과 뒷성분 사이의 통사관계가 대등적인 병렬 합성법이 있다. 병렬 합성법은 동일한 단어의 반복 또는 유사 의미의 단어를 결합하는 방식으로 소위 쌍둥이 어휘가 생겨나기도 한다: zireg-zörög'딸랑딸랑거리다', girbe-görbe'비뚤비뚤', csecsebecse'아기자기한 장식'

이 유형의 단어를 진짜 합성어로 보지 않는 경우가 있는데, 단어 생성의 과정이나 한 단어에서 만들어지는 점은 진짜 합성어와 구분될 수 있으나, 단어가 이분되는 점, 어미변화, 강세 등의 면에 있어서는 합성어와 비슷하기 때문에 합성어의 범주에 포함된다.

5.3. 합성어의 세부분석

이 장에서는 헝가리어 합성어를 품사를 중심으로 각각의 합성 성분들의 의미 통사적 관계와 결합방식을 세부적으로 분석한다.

5.3.1. 합성동사

헝가리어의 합성동사는 뒷성분의 품사가 동사인 합성어로서 앞성분은 동사와 의미적으로 하나의 단위를 이루는 부사어 기능을 하는 수식성분들이다. 합성동사는 앞성분이 동사전철이나 부사 또는 부사격 명사구인 문장 내적 합성어가 일반적이다. 예외적으로 합성명사가 동사 파생접사와 결합하여 형성된 합성동사와 역파생에 의해 생긴 합성동사가 있지만[42] 여기서는 통사적 합성어를 대

42) hógolyózik'눈싸움하다'는 합성명사 hó+golyó'눈덩이'와 동사 파생접사 -zik가 결합된 파

상으로 분석하기로 한다.

1) 동사전철 + 동사

헝가리어 합성동사의 대표적인 예는 전철동사이다. 헝가리어의 동사전철은 자립적 품사로서 일반부사와 비슷한 기능을 하는데, 동사와 결합하여 의미, 통사적으로 다양한 동사를 만든다. 동사전철은 의미적으로는 동사의 상적, 부사적 의미를 첨가한다. 따라서 하나의 동사에서 여러 동사가 만들어지는 것이므로 접두사와 그 기능이 같으나 헝가리어 문법에서 동사전철은 자립적 품사이기 때문에 합성어의 앞성분으로 규정한다.

합성동사	동사전철 + V
a) elmegy'가버리다'	el'완료' + megy'가다'
felmegy'올라가다'	fel'위로' + megy'가다'
lemegy'내려가다'	le'아래로' + megy'가다'
b) hazamegy'집에 가다'	haza'집으로' + megy'가다'
visszahív'답신하다'	vissza'거꾸로' + hív'부르다, 전화하다'
összevon'합치다'	össze'통틀어' + von'당기다'
c) átmegy'건너가다'	át'너머' + megy'가다'
túllép'넘어서다'	túl'너머에'+ lép'발디디다'
utánanéz'찾아보다'	utána'다음에' + néz'보다'

헝가리어의 동사전철은 a)의 원시 헝가리어 시대에서 유래한 동사전철뿐만 아니라 b)의 부사, c)의 후치사등에서 유래한 단어들도 넓은 의미에서 동사전철

생어이다. 또한 합성동사 gyorsír'속기하다'는 합성명사 gyors+irás'속기'에서 명사 파생접사 -ás가 분리된 역파생어로서 동사구 gyorsan ír'빠르게 쓰다'와 같은 통사구를 이루지 못하므로 통사적 합성이 아니다.

에 포함된다.

2) 명사 + 동사

앞성분이 명사인 합성동사는 격어미가 있는 명사구가 수식성분인 동사구 VP = NP + V가 하나의 단어가 된 것이다. 이러한 동사구는 관용적으로 하나의 의미 단위를 이루기 때문에 합성동사로 어휘화할 가능성이 높으므로 생산적이다.

	합성동사	명사 + V
a)	mennydörög'천둥치다'	menny'하늘' + dörög'천둥치다'
b)	egyetért'동의하다'	egyet'하나를' + ért'이해하다'
c)	észrevesz'인식하다, 알아보다'	észre'의식에' + vesz'잡다'
	végiggondol'잘 생각하다'	végig'끝까지' + gondol'생각하다'
	tönkretesz'망가뜨리다'	tönkre'그루터기에' + tesz'놓다'
	rendreutasít'호출하다'	rendre'질서로' + utasít'지시하다'
	szemrehány'비난하다'	szemre'눈에' + hány'침뱉다'
	szemrevételez'현장검증하다'	szemre'눈에' + vételez'꺼내다'

이들 합성동사는 a)와 같이 앞성분이 주격 명사이므로 뒷성분과 주어와 술어 관계에 있거나, b)와 같이 목적격 어미 -t가 있는 앞성분이 뒷성분의 목적어 관계에 있기도 하지만, 대부분은 c)의 부사격 어미가 있는 명사, 즉 부사어 관계에 있는 합성동사가 대부분이다.

5.3.2. 합성명사

합성명사는 뒷성분의 품사가 명사인 합성어이다. 합성명사는 문장 내적 합성과 문장 외적 합성의 두 가지 방법에 의해 형성되는데, 전자는 수식어가 있는 명사구가 하나의 의미 단위를 이루는 경우이고 후자는 임의의 명사와 명사가 결합하는 경우이다.

헝가리어에서 명사구는 수식성분의 품사가 형용사, 파생형용사 또는 형용사적 분사형인 수식어 명사구와 소유의 명사구가 있으므로 이들 통사구가 하나의 단어로 합성된 것이 문장 내적 합성이다. 문장 외적 합성법은 통사적으로 연관성이 있는 단어들이 결합되지만 통사구의 형태가 아닌 임의적 단어결합 방식이다.

1) 형용사 + 명사: Adj + N

앞성분이 형용사인 합성명사는 그 의미가 단순한 성분들의 의미의 합이 아니라 제3의 새로운 의미를 나타낸다.

합성명사	Adj + N
kisasszony'아가씨'	kis'작은' + asszony'여인'
kismama'임산부'	kis'작은' + mama'어머니'
nagymama'할머니'	nagy'큰' + mama'어머니'
másnap'다음날'	más'다른' + nap'날'

2) 명사 파생형용사 + 명사: N-s + N, N-i + N

앞성분이 명사에서 파생된 형용사인 합성명사의 경우, 가장 생산적인 형용사 파생접사인 -s 또는 -i 가 있는 형용사이다.

합성명사	N-s + N
a) képeskönyv'그림책'	kép-es'그림이 있는' + könyv'책'
könyvesbolt'책방'	könyv-es'책이 있는' + bolt'가게'
tollaslabda '배드민턴'	toll-as'깃털있는' + labda'공'
társasjáték'단체게임'	társ-as'사교의' + játék'게임'
b) sörösüveg'맥주병'	sör-ös'맥주용' + üveg'병'
söröspohár'맥주잔'	sör-ös'맥주용' + pohár'잔'
levesestál'스프 그릇'	leves-es'스프(담는)' + tál'접시'

süteményesvilla'케익포크'	sütemény-es'케익(용)' + villa'포크'
vizespohár'물잔'	viz-es'물먹는' + pohár'잔
ruháskosár'빨래바구니'	ruhá-s'옷넣는' + kosár'바구니'
szennyesláda'빨래통'	szenny-es'빨래(용)' + láda'통'
veteményeskert'채소밭'	vetemény-es'채소(용)' + kert'밭'
újságosbóde'신문가판대'	újság-os'신문(용)' + bóde'가판대'

N-s 파생형용사는 대체로 a)의 'N이 있는' 또는 b)의 'N을 위한 용도'의 의미를 나타낸다.

반면에 -i 파생형용사는 명사와 명사를 형용사적 수식어로 연결하는 통사적 기능을 담당한다.

N-i + N	(N+N)
a) égitest'천체'	égi'하늘의' + test'몸체' (éggomb'지구본')
falióra'벽시계'	fali'벽의' + óra'시계' (falfestmény'벽화')
földieper'딸기'	földi'땅의' + eper'딸기' (földadó'토지세')
b) hátizsák'배낭'	háti'등의' + zsák'자루' (háttér'배경')
útikönyv'여행책'	úti + könyv'여행(을 위한) 책' (útlevél'여권')
úriember'신사'	úri'궁의' + ember'사람' (úrhölgy'귀부인')
háziasszony'가정주부'	házi'집의' + asszony'부인' (*házifeladat, háztartás'살림')

3) 형용사적 분사형 + 명사: V-ó/-ő+ N

형용사적 분사형이 앞성분인 합성명사는 매우 생산적인 합성어이다. 이 합성명사의 경우 앞성분이 의미의 핵으로 작용하는데 자주 명사로 전성되어 뒷성분의 의미를 대신하는 기능을 하기도 한다.

V-ó/-ő+ N

a) dolgozószoba'작업실'	dolgozó'일하는'+szoba'방'
evőeszköz'수저'	evő'먹는' + eszköz'도구'
futótűz'들불'	futó'달리는' + tűz'불'
íróasztal'책상'	író'쓰는' + asztal'책상'
mosogatógép'식기세척기'	mosogató'설겆이하는' + gép'기계'
mosógép'세탁기'	mosó'세탁하는' + gép'기계'
számítógép'컴퓨터'	számító'계산하는' + gép'기계'
vetőgép'파종기'	vető'씨뿌리는' + gép'기계'
b) fényképező(gép)'카메라'	fényképező'사진찍는' + gép'기계'
markoló(gép)'굴착기'	markoló'움켜쥐는' + gép'기계'
repülő(gép)'비행기'	repülő'나르는'+ gép'기계'
üdítő(ital)'(청량)음료수'	üdítő'상쾌하게 하는' + ital'음료수'
néző(közönség)'관객'	néző'구경하는' + közönség'관객'
parkoló(hely)'주차장'	parkoló'주차하는' + hely'장소'
sétáló(utca)'산책로'	sétáló'산책하는' + utca'길'
szántó(föld)'경작지'	szántó'경작하는' + föld'땅'

앞성분이 형용사적 분사형인 합성명사의 경우에 b)와 같이 뒷성분이 생략되고 앞성분 자체가 명사로 전성되기도 한다.

반면에 형용사나 형용사적 분사형이 명사로 전성된 경우에는 '명사+명사' 구조의 합성명사로 분석한다.

4) 명사 + 명사	N + N
hajóskapitány'배(의) 선장'	hajós'뱃사람'+ kapitány'대장, 선장'
súgólyuk'프롬프트 있는 곳'	súgó'대본읽어주는 사람'+lyuk'구멍'

소유의 명사구가 결합된 합성어는 뒷성분에 3인칭 소유인칭기호가 있는 형태이다. 앞성분이 복수기호나 소유인칭기호를 포함하기도 하는데, 이런 종류의

합성어는 그 수가 적으며, 더 이상 만들어지지 않는 비 생산적 합성어이다.

5) 명사 + 명사-소유기호	N + N-poss.
városháza'시청'	város'도시' + ház-a'집' (-a: 3인칭 단수 소유기호)
bolondokháza'정신병원'	bolond-ok'미친 사람들' + ház-a'집' (-ok: 복수기호)
vásárfia'장에서 사온 선물'	vásár'장' + fi-a'아들'(-a: 3인칭 단수 소유기호)
hazánkfia'동포'	hazá-nk'나라' + fi-a'아들' (-nk: 1인칭 복수 소유기호)
tojásfehérje'달걀 흰자'	tojás'달걀' + fehér-je'흰부분' (-je: 3인칭 단수 소유기호)

6) 명사 + 동사파생명사: N + V-és/-ás, N+ V-ó/-ő

뒷성분이 동사에서 파생된 명사인 경우 앞성분은 어근 동사의 지배항이다. 대부분 지배항의 문법접사가 생략된 형태로 합성되는데, 이 때문에 이 합성어들은 대부분 문장 외적 합성어이다.

a) N + V-és/-ás

autóvezetés'자동차 운전'	[autó-t vezet]- és [차를 운전하다]
földművelés'농업'	[föld-et művel]-és [땅을 경작하다]
tömegcikkgyártás'대량생산'	[(tömeg)cikk-et gyárt]- ás [상품을 (대량)생산하다]

b) N+ V-ó/-ő

favágó'나무꾼'	[fá-t vág]-ó [나무를 자르다]
tisztviselő'공무원'	[tisztség-et visel]-ő [공직을 갖다]
kávéfőző'커피포트'	[kávét főz]-ő [커피를 끓이다]
csomagtartó'차의 트렁크'	[csomag-ot tart]-ó [짐을 지니다]
tűzhányó'화산'	[tüz-et hány]- ó [불을 내뿜다]

tűzoltó'소방수'[43]	[tüz-et olt]-ó [불을 끄다]

7) 명사 + 명사: N + N

앞성분과 뒷성분이 모두 명사이며, 문법표지가 없는 합성어이다. 따라서 합성성분의 통사관계는 넓은 의미의 수식-피수식 관계로서 의미압축적이다.

diófa'호두나무'	dió'호두' + fa'나무'
hentesüzlet'푸줏간'	hentes'백정' + üzlet'가게'
lámpaernyő'등갓'	lámpa'등' + ernyő'갓'
energiaforrás'에너지원'	energia'에너지' + forrás'샘'
világrend'세계질서'	világ'세계' + rend'질서'
nyárspolgár'소시민, 쁘띠부르주아'	nyárs'꼬챙이'[44] + polgár'시민'

8) 동사 + 명사: V + N

fagypont'어는 점'	fagy'얼다'+pont'점'
forrpont'끓는점'	forr'끓다'+pont'점'
jármű'탈 것'	jár'다니다'+mű'물건'
látcső'망원경'	lát'보다'+cső'관, 대롱'
védasszony'수호성녀'	véd'지키다'+asszony'여인'
mértan'기하학'	mér'재다'+tan'학습'
esernyő'우산'	esik'비 내리다' + ernyő'갓, 양산'
nyugdíj'연금'	nyugszik'눕다' + díj'요금'
szünidő'휴가'	szűnik'멈추다' + idő'시간'

43) tűzoltó가 앞성분으로 쓰인 합성어, tűzoltófecskendő'소방호스', tűztoltólétra'소방 사다리', tűzoltósisak'소방 헬멧' 등에서는 tűzoltó는 소유의 수식관계 '소방수+호스' 또는 형용사 수식 관계 '불끄는 호스'의 두 가지로 해석이 가능하다. 그러나 '소방수가 불끄는데 사용하는 호스'를 압축적으로 표현한 것이다.

44) nyársonsült'꼬치에 구운 고기'는 합성명사이지만, 유사한 의미를 나타내는 roston sült'석쇠에 구운'은 형용사구이다. roston sült hús와 유사한 의미의 단어로서 rost'나무섬유질, 격자'에서 파생된 명사 rostély'석쇠'의 형용사파생어 rostélyos'스케이크, 격자로 살짝 구운 고기'가 있다.

5.3.3. 합성형용사

뒷성분의 품사가 형용사 또는 파생형용사인 합성어를 말한다.

1) 형용사 + 형용사

sötétzöld'짙은 녹색'	sötét'어두운' + zöld'녹색'
világoskék'밝은 청색'	világos'밝은' + kék'파란색'
langymeleg'포근한, 온화한'	langyos'미지근한' + meleg'따뜻한'

2) 명사+ 파생형용사: N + N-ú/-ű, N + N-s

뒤성분이 명사에서 파생된 형용사인 경우, 명사구 전체에 형용사 파생접사를 적용한 구조이다. 일단 합성어가 되면 다시 '수사+ 파생형용사'의 구조로 분석한다. 특히 앞성분이 수사이면 형용사 파생어와는 반드시 합성이 된다.

[수사 + N]-파생접사

ezerarcú'변화무쌍한'	ezer'1000' + arcú'얼굴의' ([ezer+arc]-ú'천의 얼굴을 한')
ötéves'5년 된'	öt'5' + év-es'해가 된' ([öt+év]-es'5년이 된')

3) 명사 + 동사파생형용사: N + V-adj

a) 주술관계

agyalágyult'백치의'	agya-ø'뇌가'+lágyult'물러진'
eszeveszett'열광하는'	esze-ø'그의 정신이' +veszett'잃은'
vérehulló'노란진이 오는 (풀)'	vére-ø'그의 피가'+ hulló'흐르는'
farkasordító'살을 에는 듯한'	farkas-ø'늑대가'+ ordító'울부짖는'
napsütötte'햇볕이 드는'	nap-ø'해가'+ sütötte'나는'
viharvert'낡아빠진'	vihar-ø'폭풍이'+vert'때린'
felemás'서로 다른'	fele-ø'절반이'+más'다르다'

b) 목적어-술어 관계

semmitmondó'의미없는'	semmi-t'아무것도' +mond-ó'말하(지않)는'(-t: 목적격 어미)
ínycsiklandó'감칠맛 나는'	íny'잇몸' + csiklandó'간지럽히는' (íny-t csikland)
észbontó'매혹적인'	ész'정신' +bontó'분해하는'(ész-t bont)
gondüző'위안이 되는'	gond'근심' + üző'쫓아내는' (gond-ot üz)
bortermő'포도재배의'	bor'포도주' + termő'생산하는' (bor-t terem)
bosszúálló'복수심에 불타는'	bosszú'복수' + álló'서는'(bosszú-t áll)
életunt'염세적인'	élet'삶' + unt'싫증난' (élet-et un)
szófogadó'말 잘 듣는, 순종적인'	szó'말' + fogadó'받아들이는'(szó-t fogad)

c) 부정·부재의 파생접미사가 있는 형용사가 뒷성분인 예도 있다.

hasznavehetetlen'쓸모없는'	haszna-ø'쓸모가' + vehetetlen.'없는' (-ø: 주격어미)
írástudatlan'문맹의'	írás'글자' + tudatlan'무지한'
szófogadatlan'순종하지 않는'	szó'말' + fogadatlan'받아들이지 않는'

d) 부사어-술어 관계

합성형용사의 구성성분이 부사어-술어 관계에 있는 경우에는 문장외적 합성이 더욱 많이 일어난다. 특히 형용사적 분사형이 뒷성분인 경우 어근의 지배항이 앞성분이 된다. 앞성분에 문법접사가 결합된 채로 합성이 일어나면 문장 내적 합성이고, 문법표지가 생략된 합성어는 문장 외적 합성이다.

a) 문법표지 명사+ 형용사적 분사형

földhözragadt'매우 가난한'	földhöz'땅에' + ragadt'달라붙은'
földönfutó'집 없는'	földön'땅에서' + futó'뛰는'
életrevaló'융통성 있는'	életre'삶에' + való'존재하는'

nagyravágyó'야망이 있는' nagyra'크게'+ vágyó'갈망하는'

b)명사 + -ű 파생형용사

narancsízű'오렌지 맛의'	narancs'오렌지' + ízű'맛이있는'
jóképű'잘 생긴'	jó'좋은' + képű'그림의'
ezerarcú'변화무쌍한'	ezer'1000' + arcú'얼굴을 한'

c) 수사 + -s 파생형용사

egynapos'하루의'	egy'1' + napos'날이 된' (*egynap, egy nap)
egyidős'동갑의'	egy'1' + idős'나이가 든' (*egyidő, egy idő'같은 시간')
ötéves'5년 된'	öt'5' + éves'..년이 된' (*ötév, öt év'5년')
harmadéves'3학년의'	harmad'1/3' + éves'..년이 된'[45]

d) 부사 + 파생형용사

hozzáértő'전문적 지식이 있는' hozzá'그것에 대해' + értő'이해하는'

messzelátó'원시의, 멀리 보는' messze'멀리' + látó'보는'

이 밖에 합성형용사의 뒷성분이 소위 파생적 뒷성분(képzőszerű utótag)의 기능을 하면서 임의 명사와 결합하면서 매우 생산적으로 합성형용사를 형성하고 있다.

뒷성분이 szegény, teljes, képes, szomjas, mentes 등 합성형용사들은 언어개혁 시대 이후 외래어를 본 따서 만들어진 것들이다.

vérszegény'빈혈의'	vér'피' + szegény'가난한'
erőteljes'강한'	erő'힘' + teljes'가득찬'
munkaképes'노동할 수 있는'	munka'노동' + képes'능력있는'
kalandszomjas'모험심이 감한'	kaland'모험' + szomjas'목마른'

45) 뒷성분이 형용사 파생접사 -s이면 수사는 반드시 합성되어야 한다. 분수(törtszám)는 언제나 합성어의 앞성분으로 쓰인다: harmadfél'2와 1/2', ötödfél'4와 1/2'

adómentes'면세의'　　　　　　　　adó'세금' + mentes'면제된'

5.3.4. 합성부사

헝가리어의 합성부사는 통사구의 합성으로 형성된 부사와 나란히 이웃한 접속사, 의문사, 부정어, 첨사 등이 결합하여 형성된 비-구조적 합성어로 구분된다.

1) 구조적 합성부사

구조적 합성부사는 부사격어미가 있는 명사구가 수식성분과 결합하여 그 자체가 부사로 품사전성되었다. 따라서 통사구의 종류에 따라 뒷성분이 동사에서 파생된 명사형인 경우에는 어근 동사의 지배항이 앞성분이고, 뒷성분이 명사 또는 후치사인 경우 그 수식성분이 앞성분이 된다. 앞성분이 문법접사로 표지된 경우에는 문장 내적 합성이고, 문법접사가 없는 형태이면 문장 외적 합성이다. (다음에서는 문장 외적 합성어의 경우 괄호 속에 문법표지있는 통사구의 형태를 제시하였다)

합성부사	앞성분 + 뒷성분
a) 주어-술어 관계	
körömszakadtáig'힘닿는 대로'	köröm-ø'손톱이' + szakadtáig'찢어질때까지'(-ø:주격어미)
torkaszakadtáig'목청껏'	torka-ø'그의 목이' + szakadtáig'찢어질때까지'
szívszorongva'마음졸이며'	szív-ø'가슴이' + szorongva'조이며'
szívrepesve'마음설레며'	szív-ø'가슴이' + repesve'두근거리며'
b) 부사어-술어 관계	
úgyszólván'사실상, 말하자면'	úgy'그렇게' + szólván'말하며'
karonfogva'손에손잡고'	karon'팔에' + fogva'잡으며'
vállvetve'어깨를 걸고'	váll'어깨' + vetve'메고'

(=vállára vetve)

kétségkívül'확실히, 의심의 여지없이' kétség'의심' + kívül'밖에'

(= kétségen kívül)

c) 수식-피수식어 관계

mindennap'매일' minden'모든' + nap'날'

mindenesetre'어쨌든' minden'모든'+ esetre'경우에'

jóformán'소위, 말하자면' jó'좋은' + formán'모양으로'

aznap'바로 그날' az'그(지시대명사)' +nap'날'(= az a nap'그 날')

d) 목적어-술어 관계

karöltve'다함께' kar'팔' + öltve'끼고' (=kar-t öltve)

szemlesütve'눈을 내리깔고' szem'눈' + lesütve'내리깔고'(=szem-et lesütve)

2) 비-구조적 합성부사

접속사, 부사, 첨사 등의 결합에 의해 형성된 합성부사들의 대부분은 비-구조적이다. 이들은 문장 안에서 이웃하는 성분들이 결합된 문장 내적 합성어들로서 alig, csak, de, még, hát 등의 문장부사, 접속사, 첨사 등이 나란히 이웃해 있다가 한 단어로 합성되었다.

alig + X:	aligha'거의 .. 않다'	alighanem'추측컨대'
csak + X:	csaknem'대략, 겨우'	csakhogy'그러나, 허나'
dehogy + X:	dehogyis'결코..않다'	dehogynem'물론, 확실히'
még + X:	mégis'그럼에도 불구하고'	mégpedig'즉, 실은'
hát + X:	hátha'혹시'	háthiszen'즉, 하여간, 말하자면'
hogy + X:	hogyhogy'어떻게'	hogyne'물론' hogyisne'물론 아니지'
nem + X :	nemcsak'그렇지만은 아닌'	nemde'그렇지요, 부가 의문의 기능'
	nemigen'거의 ..않게'	nemegyszer'반복해서, 여러번'
	netalán'만약, 만일, 혹시'	korántsem'전혀 아닌'

mint + X:	mintegy'대략'	mintha'마치 ..처럼'
	minthogy'..하기에'	mintsem'..보다 훨씬'
úgy + X:	úgyhogy'그런 까닭에'	úgyis'어쨌든'
	úgymint'요컨대, 실은'	úgyszintén'또한, 역시'
	ugyancsak'대단히'	ugyanígy'아주 똑같이'

5.3.5. 병렬 합성어

병렬 합성어는 앞성분과 뒷성분이 의미, 통사적으로 병렬 관계에 있는 단어이다. 병렬 합성어의 특징은 두 성분의 품사가 동일하며, 두 성분의 의미 관계는 유의 관계의 성분들이 가장 많고, 드물게 반의 관계 합성어도 있다. 또는 시간적, 공간적 의미의 성분들로 구성된 단어도 있다. 병렬 합성어는 성분들 간의 결합관계가 긴밀하여 완전하게 합성된 경우에는 뒷성분만이 접사와 결합하며, 앞성분이 강세를 갖는다. 그러나 두 성분 간의 결합이 느슨한 경우에는 연결선(-)에 의해 표시되며, 두 성분들은 접사와 강세를 각각 갖는다.

1) 유의 관계

명사:

árvíz'홍수'	ár'밀물, 홍수'	víz'물'
búbánat'슬픔, 비애'	bú'비탄'	bánat'비애'
hírnév'명성, 평판'	hír'소식'	név'이름'
huzavona'줄다리기'	huza'끌기'	vona'당기기'
szóbeszéd'가식'	szó'말, 단어'	beszéd'말, 대화'
szántóvető'농부'	szántó'밭가는'	vető'씨뿌리는'

형용사:

dúsgazdag'풍성한'	dús'넉넉한'	gazdag'부유한'
hányaveti'건성건성하는'	hány(a)'내뿜다'	vet(i)'던지다'
ütött-kopott'난타당한, 황폐한'	ütött '부서진'	kopott'망가진'

kénytelen-kelletlen'좋든싫든'	kénytelen'해야만 하는'	kelletlen'내키지 않는'

동사:

rúgkapál'허우적거리다'	rúg'발로 차다'	kapál'발로 긁다'
üt-ver'치고 박다'	üt'두드리다'	ver'때리다'
süt-főz'음식을 많이 만들다'	süt'굽다'	főz'끓이다'
eszik-iszik'먹고 마시다'	eszik'먹다'	iszik'마시다'
ötöl-hatol'애매하게 말하다'	ötöl'5라고 하다'	hatol'6이라 하다'

부사:

szerteszét'따로따로'	szerte'사방에'	szét'흩어져'
lökdösve-taszigálva'밀고 제치고'	lökdösve'밀치며'	taszigálva'밀치며'

2) 반의 관계

명사:

jöttment'떠돌이'	jött'왔다'	ment'갔다'
csúszómászó'파충류'	csúszó'미끌어지는'	mászó'기어오르는'
csúszó-mászó'아첨꾼'		

형용사:

ügyes-bajos'일상적인'	ügyes'유능한'	bajos'어려운'
édes-bús'가련한'	édes'귀여운'	bús'슬픈'

동사:

él-hal'살고 죽다'	él'살다'	hal'죽다'
jön-megy'오고가다'	jön'오다'	megy'가다'

부사:

ide-oda'오락가락'	ide'이리로'	oda'저리로'
többé-kevésbé'다소간'	többé'더 이상'	kevésbé'더 적게'

3) 시간·공간 개념

maholnap'조만간'	ma'오늘'	holnap'내일'

egykettőre'빨리'	egy'하나'	kettő(re)'둘'
körülbelül'대략'	körül'.. 둘레에'	belül'.. 안에'
odakünn'바깥에서, 외국에서'	oda'저리'	künn'밖에'
odalenn'저 아래'	oda'저리'	lenn'아래에'

5.3.5.1. 반복 합성어

병렬 합성의 한 방법으로 동일한 단어를 두 번 반복하거나, 앞성분 또는 뒷성분의 형태를 변형하여 결합하는 방식이다. 한 단어가 두 번 반복됨으로써 독자적 의미를 갖는 새로운 어휘가 생긴 것인데, 반복 합성어는 두 성분의 결합이 느슨하여 정서법적으로 하이픈(-)에 의해 표기하며, 강세도 각각 갖는다.

a) már-már'거의, 하마터면'	már'이미, 벌써'
egy-egy'몇몇의'	egy'하나'
ki-ki'모든 사람, 누구나'	ki'누구'(의문대명사)
egyszer-egyszer'예전에, 한 때'	egyszer'한번'

반복 합성어로는 figura etymologica라 하는 각 성분이 변형되어 반복된 것이 있다.

변형의 방법은 동일 어기에 유사 파생접미사의 사용을 통한 반복, 반의 파생접미사의 대립적 사용이 있다. 의미적으로는 점증적 효과를 나타낸다.

b) egy '하나'	egyes-egyedül'오직 홀로'
rég'예전에'	réges-régi'아주 오래된'
vég'끝'	véges-végig'끝없이'
	végestelen-végig'끝없이, 하염없이'
un'싫증나다'	unos-untig'싫증날 때까지, 물릴 만큼, 충분히'
	unos-untalan'지루하게, 끊임없이'

5.3.5.2. 쌍둥이 합성어

한 단어를 고유의 음성적 규칙에 따라 변형을 시켜, 이 변이형들을 결합하여 새 단어를 만드는 조어방식을 쌍둥이어법(ikerítés) 라고 한다. 쌍둥이어의 규칙적 음성 대응은 모음이나 자음 또는 모음과 자음 둘 다를 통해 나타난다.

1) 모음 변형 쌍둥이 합성어

a) 경구개-연구개 모음 대립 쌍둥이어

어근	모음변형	쌍둥이어
gaz'잡초'	a → i: giz	gizgaz'잡초'
monda'잡담'	o→e : mende	mendemonda'수다, 잡담'
dombos'구릉의'	o →i, e : dimbes	dimbes-dombos'언더기 많은'
topog'발구르다'	o → i,e: tipeg	tipeg-topog'쿵쾅거리다'
darab'작은 조각'	a→ i : dirib	diribdarab'잡동사니'
hebeg'어물거리다'	e → a, o: habog	hebeg-habog'말을 더듬다'

대부분 뒷성분이 어근이지만, hebeg-habog과 같이 앞성분이 어근인 경우도 있다. 이는 경구개음-연구개음의 배열순서와 관계가 있기 때문이다.

b) 평순-원순 모음대립 쌍둥이어

앞성분의 모음은 평순의 경구개음이고 뒷성분의 모음은 원순의 경구개음이다.

어근	모음변형	쌍둥이어
görbe '굽은'	ö → i, e : girbe	girbegörbe'꼬불꼬불'
dörmög'웅얼거리다'	dirmeg	dirmeg-dörmög'낮게 웅얼거리다'
zörög'덜컹거리다'	zireg	zireg-zörög'덜컹거리다'
gödrös'구덩이 파인'	gidres	gidres-gödrös'울퉁불퉁 파인'

2) 자음 변형 쌍둥이 합성어: 합성어 성분의 자음을 조작하여 결합하는 방식

어기의 첫 자음을 탈락시켜 모음으로 시작되는 단어형태를 앞성분으로 하여 결합된 합성어이다. 대부분 어기가 뒷성분이지만, 앞성분이 어기인 예도 있다. 모음으로 시작되는 단어가 앞성분이고, 자음을 첨가한 형태를 뒷성분으로 하여 만들어진 합성어이다.

a) 자음 탈락 쌍둥이 합성어

어근	변형	쌍둥이합성어
pici'아주 작은'	p → Ø : ici	icipici'아주 작은'
pirul'붉어지다'	pirul	irul-pirul'얼굴이 붉어지다'
fityeg'흔들이다'	f → Ø: ityeg	ityeg-fityeg'벌벌 떨다'

b) 자음 첨가 쌍둥이 합성어

ejnye'감탄사, 아이구'	Ø→ b: bejnye	ejnye-bejnye'아이구'
ugrál'이리저리 뛰다'	bugrál	ugrabugrál'이리저리 뛰다' (=ugrándozik)

c) 자음 교체 쌍둥이 합성어

어근 단어의 첫 자음을 양순폐쇄음 b으로 변형하여 뒷성분으로 사용한다.

어근	변형	쌍둥이 합성어
tarka'여러 색깔의'	t → b : barka	tarka*b*arka'울긋불긋한'
csiga'달팽이'	cs → b : biga	csiga*b*iga'달팽이'

자음첨가, 자음교체 쌍둥이어에서는 뒷성분이 비자립적이다.

3) 모음·자음 쌍둥이 합성어

뒷성분은 순음으로 시작되며, 앞성분은 첫 자음이 탈락된 상태이다. 앞성분의 모음은 경구개음이며, 뒷성분의 모음은 연구개음이다:

어근	자음, 모음 변형	쌍둥이어
mozog'움직이다'	m → Ø, o → i,e : izeg	izeg-mozog '불편하게 움직이다'
fodros[46] '주름잡힌'	f → Ø, o → i,e : idres	idres-fodros '주름이 많은'
bodrokkal'곱슬하게'	b → Ø, o → i,e : idrekkel	idrekkel-bodrokkal '곱슬하게'

두 성분 중 새로 만들어진 성분이 드물게 고유명사의 애칭 변이형으로 생겨나기도 한다.

이름	쌍둥이 합성어	애칭 변이형
István	Ista-*Pista*	*Pista*
Anna	Anna-*Panna*	*Panna*
András	Andi-*Bandi*	*Bandi*

쌍둥이 합성어의 일반적 특징은 독특한 유희적 기분을 내며, 어기에 의미가 첨가되지 않는 것이다. 가족 간의 대화, 동화, 산문 작품에 특징적으로 사용된다.

5.3.5.3. 유사 쌍둥이 합성어

같은 음성형식의 대응을 보이는 병렬 합성어를 쌍둥이어와 비슷하다하여 유사 쌍둥이어라고도 한다. 그러나 이 합성어는 두 성분이 모두 자립적 단어이며, 따라서 각각 접사와 결합하고 각각 강세를 갖는다. 또한 두 성분은 유사한 의미를 지니는 단어쌍들인 점에서 쌍둥이어와 다르다.

46) fodros 형태로는 자립적으로 쓰이지 못하고 언제나 idres-fodros 형태로 사용된다.

a) 자음 첨가 쌍둥이 합성어와 비슷

합성어	앞성분 +	뒷성분
ág-bog'나무가지'	ág'나무가지'	bog'매듭, 마디'
irkál-firkál'휘갈겨 쓰다'	irkál'쓰다'	firkál'마구 쓰다'
ámul-bámul'놀라다'	ámul'경악하다'	bámul'응시하다'
ázik-fázik'흠뻑젖고 춥다'	ázik'젖다'	fázik'추워하다'

b) 자음 교체 쌍둥이 합성어와 비슷

ken-fen'갈고 닦다'	ken'바르다'	fen'연마하다'
ront-bont'완전히 망가뜨리다'	ront'망치다'	bont'해체하다'
súg-búg'속삭이다'	súg'속삭이다'	búg'윙윙거리다'
csillog-villog'반짝이다'	csillog'반짝이다'	villog'깜박이다'
csurran-csöppen'똑똑 떨어지다'	csurran'흐르다'	csöppen'떨어지다'
tesz-vesz'바삐 일하다'	tesz'하다'	vesz'집다'
szánom-bánom'후회하다'	szánom'유감스럽다'	bánom'후회스럽다'

5.3.6. 합성어 표기의 문제

합성어는 앞뒤 성분의 직접 결합에 의해 만들어지므로 대부분 붙여 쓴다. 그러나 앞성분 또는 뒷성분의 결합이 느슨하거나, 앞뒤 성분 자체가 합성어인 경우에는 일종의 연결표시 (-)를 사용한다. 문장 안 합성어에서 수식어구와 합성어의 구분이 어려운 경우가 있다:

합성어	수식어구
főosztály'중앙부서'	fő szempont'주요 관점'
nagyarányú'대규모의'	nagy jelentőségű'중요한 의미가 있는'
nagyképű'과장된'	*nagy képű

kisasszony'아가씨' *kis asszony

단어의 길이가 길고, 다중 합성어인 경우에는 연결표시(-)를 사용하는데, 그 내용을 정리하면 다음과 같다:
세 성분으로 된 합성어의 경우, 6음절까지는 붙여쓰고, 그 이상의 길이가 되면, 앞성분과 뒷성분의 경계에 연결표시를 한다.

repülőgépgyártás(6음절)	repülő+gép + gyárt-ás(6음절)
árucsere-egyezmény(7음절)	áru+csere + egyez-mény(7음절)

네 성분 이상으로 된 합성어에서 5음절 이하는 붙여쓰고, 그 이상이면 연결표시를 한다.

honvédemlékmű(5음절)	hon+véd+emlék+mű(5음절)
pénzügyőr-laktanya(6음절)	pénz+ügy+őr+lak+tanya(6음절)

6. 그 밖의 조어법

파생법과 합성법 외에 어휘를 확대하는 방법들이 있다. 파생법과 합성법은 기존의 어휘에 파생접사나 단어가 결합하는 방식, 즉 형태소가 늘어나는 방식인데 반하여, 그 밖의 어휘 확대 방식은 기존의 단어에 형태소가 새로이 결합되지 않으면서 단어 내적 음성적, 형태적 교체 또는 변화를 통해 새로운 단어가 형성되는 방식이다. 기존의 단어 내부에서 변형이 일어나 새로운 단어가 만들어지는 단어분해법 또는 역파생법(back-formation), 단어분화법, 축약법, 문법적 단어의 어휘화인 문법요소결합법(ragszilárdulás) 등이 여기에 속하며, 둘 이상의 단어가 결합되는 과정에서 일어나는 변형에 의해 새 단어가 생기는 단어혼합법, 모자이크법 등이 있다.

이렇게 생긴 단어들은 그 수에 있어서 많지 않고 드물게 만들어지나, 전체적으로 역사적 과정에서 축적된 단어가 상당수에 이른다. 몇몇 방법은 특정 품사의 조어에 일반적으로 나타나는데, 예를 들어, 축약 연속파생법은 고유명사에 일반적이고, 어미소 결합법은 부사에 일반적이다.

이러한 조어법들도 언어 내적 규칙에 따라 작동되며, 현대에도 소멸되지 않은 방법이다. 시대에 따라 활발히 사용되던 방법은 다르지만, 특히 의식적으로 단어를 만들 때 많이 사용되었다.

6.1. **단어분해법**(szóelvonás) **또는 역파생법**(back-formation)

단어분해법은 파생법을 역으로 적용하여, 단어의 끝부분을 파생접사로 해석하여 분해하는 방식이다. 이를 역파생법(back-formation)이라고 하는데, 파생어의 구조가 어기와 파생접사로 이루어진 파생어의 구조를 유추적용하는 방식이다.

예를 들어 슬라브 차용어 csardak에서 csárda'술집'가 만들어졌는데, 이는 단어 끝의 -k를 헝가리어의 복수기호소로 해석하고, 이를 뺀 나머지 부분을 어기로 이해한 것이다.

외래어 동사를 헝가리어에 받아들이면서, 헝가리어 동사 파생접미사를 붙이고, 이 단어의 파생접미사를 잘라내어 명사를 만들었다(주로 헝가리 정착 시기를 전후해서 온 슬라브 차용어에서 많이 일어났다).

슬라브어 동사	헝가리 동사 파생		헝가리 명사
kopa	kapá-l'곡괭이질하다'	→	kapa'곡괭이'
poronc	parancs-ol'명령하다'	→	parancs'명령'
praz	parázs-ol'작열하다.'	→	parázs'작열'
vad	vád-ol'고소하다'	→	vád'고소, 기소'

단어분해법은 언어개혁 시대에 인위적인 어휘확대 목적에서 많이 사용되었는데, 의성어, 의태어의 어기 또는 불완전한 어근을 활성화시키는 기능을 하기도 하였다.

동사	단어분해		명사
gyárt'생산하다'	gyár-t	→	gyár'공장'
tapsol'박수치다'	taps-ol	→	taps'박수'
macerál'건드리다'	macerá-l	→	macera'귀찮은 일 (속어)'
zabál'게걸스레 먹다'	zabá-l	→	zaba'음식 (속어)'
ábrázol '묘사하다'	ábrá-z-ol	→	ábra '그림, 도표'

의성동사/의태동사	단어분해		명사
füttyen'휙 불다'	fütty-en	→	fütty'휘파람'
kolompol'방울소리나다'	kolomp-ol	→	kolomp'워낭, (소) 방울'

불완전 어근 동사	단어분해		명사
iparkodik'노력하다'	ipar-kodik	→	ipar'산업'
tanít'가르치다'	tan-ít	→	tan'학, 학설'

형용사, 부사, 후치사 에서도 단어분해를 통하여 명사를 유추해내었다.

csendes'조용한'	csend-es	→	csend'고요함'
távol'멀리'	táv-ol	→	táv'멀음'
körül'둘레에'	kör-ül	→	kör'둥근원'

단어분해법은 특히 합성어의 뒷성분이 파생어인 경우, 전체 단어를 파생어로 유추하여 뒷성분의 파생접미사를 잘라내어 새로운 단어를 만드는데 사용되었다. 이 방법으로 많은 합성동사가 만들어졌다.

합성명사	단어분해		합성동사
gyorsírás'속기'	gyorsír-ás	→	gyorsír'속기하다'
nagytakarítás'대청소'	nagytakarít-ás	→	nagytakarít'대청소하다'
távirányítás'원격제어'	távirányít-ás	→	távirányít'원격제어하다'
áremelés'가격인상'	áremel-és	→	áremel'물가 올리다'

bérelszámolás'임금결산' bérelszámol-ás→ bérelszámol'임금결산하다'

이런 경우 합성어의 내부 구조를 다르게 분석하여 통사적으로 분석이 어려운 합성어가 생기므로 언어학자들은 이런 식의 단어가 생기고 확산되는 것을 막으려하며, 사전적 단어에는 대부분 포함되지 않는다.

6.2. 단어분화법(szóhasadás)

한 단어의 두 가지 변이형이 서로 다른 의미의 독자적인 두 단어로 발전해서, 형태 분화와 의미 분화가 일어나는 것을 말한다. 한국어에서도 모음이나 자음의 교체에 의해 대립짝을 이루는 단어들이 존재하는데, 주로 색감, 미감 등의 감각적 표현에 국한되어 나타난다[47].

모음교체에 의한 단어쌍
양성 모음-음성모음: 빨갛다-뻘겋다 파랗다-퍼렇다 노랗다-누렇다
가맣다-거멓다 하얗다-허옇다
쌉싸름하다-씁쓰름하다
달착지근하다-들척지근하다

자음교체에 의한 단어쌍
평음-경음-격음: 감감하다-깜깜하다-캄캄하다
발갛다-빨갛다

47) 국어학에서는 음성상징과 관련하여 이들 짝들을 별개의 단어로 보지 않고 어감 상의 차이를 강조하는 것으로 보았으나, "비록 어감상의 차이라고는 하나 의미상의 차이도 있으며, 그 밖에 상보적 분포를 보이는 것도 아니라는 사실을 감안한다면 이들의 짝들을 별개의 단어로 보지 않을 수 없다."(송철의, 1992: 289쪽) 따라서 이들은 단어 내적 변화에 의한 파생이라고 일컫고, 역사적인 관점에서 보면 대립 짝 가운데 어느 하나가 두 가지 의미를 다 가지고 있다가 단어분화를 일으켜 각각 어감이 다른 단어가 된 단어분화의 예로 보았다.

가맣다-까맣다

헝가리어에서 단어분화는 다양한 품사와 의미 영역에 걸쳐서 일어나며, 또한 음성적 변이형 뿐만 아니라 형태적 변이형에 의해서도 일어난다. 음성적 변이형은 두 가지의 모음배열(경구개모음과 연구개모음의 교체)에 의한 변이형과 그 밖의 여러 음성적 교체에 의한 변이형으로 분화하며, 형태적 변이형은 선행모음이 있는 변이형과 없는 변이형으로 분화하거나 또는 하나의 어근에 서로 다른 접사 변이형을 사용해서 분화시키는 것이다:

1) 음성교체에 의한 단어분화

a) 모음배열 단어분화

헝가리어에서는 전설모음과 후설모음의 대립에 의해 단어분화가 일어난다. 이는 모음의 음성상징과 관련이 있는데, 전설모음은 작고 가깝고 가벼운 느낌을 나타내고, 반면에 후설모음은 크고, 어둡고, 무거운 느낌을 나타낸다. 그러나 일단 분화된 단어는 독자적 어휘로서 독자적 의미를 나타내기도 한다.

	전설모음 단어	후설모음 단어
e- a	ez'이것'	az'저것'
	cseléd'하녀'	család'가정'
	kever'뒤섞다'	kavar'이리저리 돌리다'
	csehül'약한'	csahol'여우가 소리내다'
i,e - o,a	ilyen'이런'	olyan'저런'
ö,e - o,a	förgeteg'허리케인, 폭풍'	forgatag'회전하다'
	tömpe'뭉툭한' (ujj)	tompa'뭉툭한'(ceruza)
	gömb'공'	gomb'단추'

또한 평순음과 원순음의 교체에 의한 예도 있다.

	평순음	원순음
e-ö	nevel'기르다'	növel'자라게 하다'
	fej'머리'	fő'머리, 사람'
	setét*[48]	sötét'어두운'

b) 그 밖의 음성교체에 의한 단어분화

자음교체: u-v	szaru'뿔(물질)'	szarv'뿔, 촉수'
저모음화: o-a	vacok'동물 우리'	vacak'낡아빠진, 허름한'
모음탈락: a-ø	kamara'의회'[49]	kamra'작은 방'
유무성화: t-d	toboz'솔방울'	doboz'상자'
탈파찰음화: cs-s	csekély'적은, 근소한'	sekély'얕은, 낮은'
폐쇄음 앞의 n 첨가	bozótos'덤불이 무성한'	bozontos'덥수룩한'

언어사적 단어분화의 예

perem'가장자리, 모서리'	prém'모피, 털'
lágy'연한, 부드러운'	langy(os)'온화한, 푸근한'
vicsorog'개가 으르렁대다'	vigyorog'능글맞게 웃다, 비웃다'

2) 형태교체에 의한 단어분화

파생접사의 변이형에 의해 단어분화가 일어나거나 문법접사와의 결합시에 나타나는 어근 형태 변화에 의한 단어분화 현상으로 동음어들에서 나타난다.

동음어	파생접사 변이형 (-tlan/-talan)
gond[1]'주의'	gondatlan'건성의, 부주의한'
gond[2]'걱정'	gondtalan'걱정없는'

48) setét~sötét 와 같이 음성형식의 변이형이 단어쌍을 이루지만 이들은 경쟁 관계에서 하나가 쇠퇴하기도 한다.

49) felső kamara'상원', alsó kamara'하원'

tárgy[1]'목적어'	tárgytalan'근거없는'
tárgy[2]'대상'	tárgyatlan'목적어 없는'

동음어	문법접사 변이형
borjú[1]'송아지'	borja'그의 송아지' (-ja'3인칭 소유기호')
borjú[2]'배낭'	borjúja'그의 배낭'
daru[1]'두루미'	darvak'두루미들' (-k'복수기호')
daru[2]'크레인'	daruk'크레인들'
nő[1]'여성'	nője'그의 여자' (-ja'3인칭 소유기호')
nő[2]'아내'	neje'그의 아내'
éber[1]'깨어있는'	éberen'경계하며'(-en'부사격 접사')
éber[2]'깨어있는'	ébren'깨어'

6.3. 단어절단법(szócsonkítás)

단어절단법은 주로 합성어에서 앞성분 또는 뒷성분을 잘라내어 새 단어를 만드는 방법이다. 합성어에서 한 성분을 잘라내고, 다른 성분을 독자적인 단어로 만드는데, 이 때 새 단어는 원래 합성어의 의미를 지닌다:

napnyugat'서쪽' > nyugat'서쪽'
tokaji bor'토커이 포도주' > tokaji'토커이 포도주'

쌍둥이어의 절단법
zanabona ~ zenebona'시끌벅적' > zene'음악'
zúrzavar ~ zűrzavar'무질서, 혼란' > zűr'어수선함'

애칭 이름도 쌍둥이어의 절단법에 의해 만들어진 것이 있다.

이름	쌍둥이어	애칭
István	Ista-Pista >	Pista
András	Andi-Bandi >	Bandi

합성어의 단어경계를 달리 파악해서 앞성분이 절단된 단어

jobb+anya'할머니' > jó+banya > banya'심술쟁이 노파'

6.4. 단어축약(szórövidülés)

단어의 길이를 줄여서 만드는 축약법은 표준어에서는 드물게 일어나며, 구어에서 사용된다. 단순히 단어의 끝 음절 또는 끝부분을 자른 형태이거나, 축약형에 파생접사가 결합하는 축약 파생이 일어난다.

hiszen'하여간, 말하자면' > hisz
köszönöm'고맙습니다' > kösz
bátyám'내 오빠/형' > bá
tulajdonos'소유자' > tulaj

보통 사람이름, 동물명칭 등에서 축약 연속파생이 일어난다.

János	> Jan-	Jancsi, Jani, Jankó
Katalin	> Kat-	Kati, Kató, Katica
borjú'송아지'	> bo-	boci
nyúl'토끼'	> nyu-	nyuszi

현대어에서는 집단언어(어린이 언어, 학생언어, 은어)에 나타난다.

cskoládé'초콜릿' > csoki
derektor'교장' > diri
finom'맛있는' > fincsi
nyugodik'진정하다' > nyugi

6.5. 문법접사 결합법

헝가리어에서 부사를 만드는 전형적인 방법으로 더 이상 생산적이지 않으나 언어사적으로 문법적 단어형태가 굳어져 어휘화한 경우이다. 즉 어근이 불완전해지거나 문법접사가 쇠퇴하여 어근과 문법접사의 분리가 더 이상 불가능한 예들이다.

어근이 불완전해진 경우

rögt(불완전 어근), -ön(위처격어미, -Vn)	rögtön'당장에'
reg(불완전 어근), -gel(공동격어미 -vAl)	reggel'아침에'

격어미가 쇠퇴한 경우

öröm'기쁨', -est('소멸된 격어미')	örömest'기꺼이'
alkalmas'적합한', -int(소멸된 격어미)	alkalmasint'추측컨대'
sok'많은', -á(쇠퇴한 격어미)	soká'오랫동안'

어근과 어미소의 결합에서 특수한 음성변화가 일어난 경우

az'지시대명사' + -ig'까지'	addig'그 때까지'
ház'집' + -á'향격어미'	haza'집으로'

몇몇 부사는 어근에 형용사의 비교급 기호소 -bb가 결합되어 만들어지거나, 또한 비교급의 변형된 형태 -b가 있는 형용사가 생기게 되었다:

부사: inkább'차라리', előbb'이전에', utóbb'나중에'
형용사: egyéb'그 밖의', különb'탁월한'

이 밖에 어근과 접사의 분리는 가능하지만 동사의 부사적 분사형 접사 가운데 드물게 쓰이는 변이형 -vÁn이 부사로 어휘화한 경우도 이에 속한다.

		부사적분사형	부사
nyíl(ik)'열리다'	-ván	nyil-ván'열리면서'	nyilván'명백하게'[50]

6.6. 모자이크어(mozaikszók)

모자이크 조어법은 19세기말에 생겨나서 최근의 현대어와 외래어에 널리 사용되고 있다. 이 조어법은 단체, 조직, 정당, 국가 등 여러 단어로 된 이름을 축소해서 한 단어로 만드는 데, 두 가지 방법으로 이루어진다. 하나는 각 단어의 첫 글자를 따서 만드는 것이고, 또 하나는 단어의 일부 또는 전체에서 처음의 몇 글자를 따서 만드는 것이다.

첫글자어: EU = Európai Unió
ENSZ = Egyesült Nemzetek Szervezete
단어 축소: MÁV = Magyar Államvastak
ELTE = Eötvös Loránd Tudományegyetem
보통명사: vécé = water closet
tévé = televízió
kp. = készpénz
tbc = tuberkulózis
vb = világbajnokság

모자이크어의 관사는 발음에 따라 a, az를 사용한다.
a MÁV
az USA, az ENSZ

50) nyilván'명백하게'는 파생어의 어기와 합성어의 앞성분으로 쓰이는 부사가 되었다: nyilvánít'드러내다', nyilvános'공개적인', nyilvántart'등록하다', nyilvánvaló'명백한'

이 밖에 표기만 축소하고 발음은 완전하게 하는 단어들이 있다:

s.k.(=saját kezével), kb.(=körülbelül)

6.7. 단어혼합(szóvegyülés)

서로 다른 두 단어가 뒤섞여 혼합되어 만들어지는데, 대개 무의식적으로나 또는 의도적으로 화자의 의식에 두 개의 유의어가 동시에 떠올라 뒤섞여 발음되는 데서 생긴다:

비슷한 의미의 두 단어의 음성형식이 혼합된 단어
ordít'외치다' + kiabál'소리지르다' → ordibál'소리지르다'
csokor'다발' + bokréta'꽃다발' → csokréta'향기나는 꽃다발'
rémítő'두려워하는' + ijesztő'놀라게 하는' → rémisztő'위협하는'

단어혼합에 의한 단어는 보통 언어적으로 의미가 없으나, 간혹 새로운 개념을 나타내는데 사용되기도 한다.
csupa'순, 오로지'+ kopasz'대머리의' → csupasz'맨살의, 털이 없는, 빈 (손)'
zavar'방해하다' + kerget'애걸하다' → zargat'구걸하다'

6.8. 민간어원(népetimológia, Folk Etymology)

현대에는 많이 사용되지 않는 조어 방식으로서, 낯선 외래어휘를 이미 알고 있는 단어와 비슷하게 이해함으로써 생기는 단어이다.
예를 들면 milföld 또는 mélföld는 독일어에서 유래한 단어로서, 'mérföld"마일'를 의미하는 앞성분 mél에서 동사 mér'재다'가 연상되어 mérföld 가 되었다.
슬라브어의 ulica가 차용 과정에서 처음에는 utcca로, 후에 utca'작은 길'이 되었다. 따라서 이 단어는 헝가리어의 út'길, 도로'와 아무 관계가 없다.

헝가리어 károkatona‘바다까마귀’는 터어키어 kara katna‘까만 새’에서 차용되었다.

káró‘해롭게 하는’ + katona‘군인’의 결합으로 연상된 단어이다.

7. 현대 헝가리어 신조어의 양상

현대 헝가리어의 어휘확대에 있어서 파생법의 비중은 현격히 줄어들은 반면 합성법의 사용이 확대되었다. 파생접사는 언어사적으로 오랜 기간에 걸쳐 형성되고 사용되므로 현대에 새로운 파생접사가 만들어지기는 어렵다. 따라서 기존의 파생접사들을 연속적으로 사용하여 새로운 단어를 만드는 연속파생이 특징적이다. 그러나 정치, 경제적 환경과 과학기술의 빠른 변화에 따라 필요한 새로운 개념들은 대부분 외래어의 차용번역 형태로 만들어지므로 합성법의 사용이 두드러진다.

7.1. 파생법(szóképzés)

헝가리어 파생접사 가운데 가장 생산적인 파생접사 -sÁg와 -Ás에 의한 파생과 연속 파생이 특징적이다.

1) 명사 파생접사 -sÁg에 의한 연속파생

a) -szerű + -ség　　népszerű‘대중적인’　　nép-szerűség‘대중성’
　-féle + -ség　　papír-féle‘문구류의’　　papír-féleség‘문구류’

b) -hAtÓ + -sÁg: -hatóság/-hetőség
　átlátható‘투명한’　　átláthatóság‘투명성’
　elérhető‘닿을 수 있는’　　elérhetőség‘연락처’
　fenntartható‘지속가능’　　fenntarthatóság‘지속가능성’

megfeleltethető'답변하게하는' megfeleltethetőség'답변가능성'

c) -hAtAtlAn + -sÁg: -hatatlanság/-hetetlenség

átjár'넘다' átjárhatatlanság'전학 불가능'

d) -i + -sÁg: -iság/-iség

jogállam'법치국가' jogállamiság'법치국가'

közszolgálat'공무' közszolgálatiság'공무'

hely'공간' helyiség'공간, 장소, 방'

e) -tt + -sÁg : -ttság/-ttség

feszít'당기다' feszítettség'긴장성'

megoszt'나누다' megosztottság'분단'

polgárosodik'시민화되다' polgárosodottság'시민화의 수준'

olvas'읽다' olvasottság'독서를 하는 국민의 수 및 수준'

összefonódik'뒤얽히다' összefonódottság'여러 그룹 간의 무원칙한 관계'

lefed'덮다' lefedettség'국가나 지역에서 휴대폰, 텔레비전 등을 사용할 수 있는 면적의 정도'

2) 명사 파생접사 -Ás에 의한 연속파생

a) -kOdik + -Ás: -kodás/-kedés

felelőtlen'무책임한' felelőtlenkedés'무책임함'

b) -Odik + -Ás : -odás/-ödés

magányos'외로운' elmagányosodás'고립되기, 소외'

sivatag'사막' elsivatagosodás'(기후변화) 사막화'

c) -Ódik + -Ás: -ódás/-ődés

balkanizál'발칸화하다' balkanizálódás'발칸화, 후진화'

visszarendez'되돌리다' visszarendeződés'체제전환 반대현상'

d) -sít + -Ás: -sítás/-sítés

díj'요금' díjasítás'고속도로 유료화'

hang'소리' hangosítás'행사에서 마이크를 사용하게 하는 것'

hal'물고기' halasítás'(물고기) 방사'
hivatás'직업' hivatásosítás'직업군인화'
körzet'구역' körzetesítés'어떤 목적을 위해서 새로운 행정단위를 수립하는 것'
számítógép'컴퓨터' számítógépesítés'컴퓨터화'

f) -tAlAn + -ít + -Ás: -talanítás/-telenítés

féreg'벌레' féregtelenítés'살충'
méreg'독성' méregtelenítés'해독'

g) -hAtAtlAn + -Ul + -Ás: -hatatlanulás/-hetetlenülés

lehetetlen'불가능한' ellehetetlenülés'부채로 인해 기업이 부실해지는 것'

위의 파생어들은 다시 생산적인 형용사 파생접사 -i 에 의해 연속적으로 파생이 가능하다.

-hAt + -Ás + -i: -hatási/-hetési

megél'살아내다' megélhetési'생계의'

이 밖의 파생 신조어:

-sÁg: -ság/-ség másság'다름'(상이한 관습, 가치관 등 소수자)
-Ás: -ás /-és átmentés'공산주의 시대에 누리던 지위를 유지하기 위한 노력'
átütemezés'부채 상환의 연기'
átülés'정치인들의 철새 행보'
doppingolás'도핑하는 것'
gyógyszerezés'환자에게 약의 수량을 결정하고 주는 것'
hozzáférés'접근성'
kötegelés'작은 단위 묶음'
leépülés(leépítés)'구조조정, 경제난으로 회사의 활동을 줄이는 과정'
visszakeresés'체크, 검색'

7.2. 합성법(szóösszetétel)

신조어에서는 합성어의 앞성분 또는 뒷성분이 파생접사와 유사한 기능을 특징을 보인다. 이는 합성법과 파생법의 경계 현상으로 특히 외래어와 고유어휘의 합성방식이 두드러진다.

앞성분: újra-'새로, 재-', mobil-'이동식-', adat-'데이터', fapados-'저가의'
뒷성분: barát'친구, 친-', -függő'중독의', -köteles'필요한, 필수적인', -közi'..간, 사이의', -orientált'주력하는'

1) 앞성분 + X
  a) újra-'새로, 재-': újraegyesítés'통일', újratemetés'사면복권 장례식'
  b) mobil-'이동식-': mobilvécé'이동식화장실'
  c) adat-'데이터, 자료': adatbázis'데이터베이스', adatbevitel'자료받기'
  d) fapados[51] '저가, 값싼': fapados-étterem'저렴한 식당'
    fapados-szállás'저렴한 숙소'
    fapados-futárszolgálat'저가 배달서비스'

2) X + 뒷성분
  a) barát'친-': zenebarát'음악애호가', állatbarát'동물애호가'
    vállalkozóbarát'친기업가', vállalkozásbarát'친기업', piacbarát'친시장', egészségbarát(kerámiaedény)'건강친화적', bőrbarát(portézisragasztó)'피부보호', családbarát(adórendszer)'가정우대'
    ügyfélbarát(24órás, telefonos ügyfélszolgálat)'친소비자'(24

51) 1950-1956 사이에 쿠션없는 나무의자 fapad 기차칸을 일컫는 말이었으나 그 후 사라졌다가, 2003년 저가항공이 생기면서 다시 사용되고 있다. 오늘날에는 값싼 대상에는 모두 적용되는 개념이 되었다.

시간 전화상담서비스), környezetbarát(termék)'친환경' befektetőbarát(környezet)'친투자자'

영어 또는 독일어 표현에서 들어온 번역어

user friendly (products): (fel)használóbarát (termékek)'사용자 친화적'

consumer friendly : fogyasztóbarát'친소비자'

umweltfreundlich, environment-friendly: környezetbarát'친환경'

그러나 gastfreundlich는 vendégbarát가 아니라 vendégszerető'손님환대하는'

b) -függő'매달린, 중독의': internetfüggő'인터넷중독의', kábítószerfüggő'마약중독' komputerfüggő'컴퓨터중독', játékfüggő'게임중독' korosztályfüggő'연령에 따른', helyzetfüggő'상황에 따른'

c) -köteles'필요한, 필수적인': engedélyköteles'허가필요한', járulékköteles'수수료있는', jóváhagyás-köteles'승인필요한', óvadékköteles'보증금필요한', térítésköteles'지불필수인'

d) -közi'..간, 사이의'

helyközi'지역간', nemzetközi'국가간, 국제의'

tudományközi'학제간' (tudományköziség'학제간')

kultúraközi'문화간' (kultúraköziség'문화사이')

e) -orientált'주력하는. ..을 향한'

teljesítményorientált'성과중심', profitorientált'이윤중심', vevőorientált'고객중심', érdekorientált'이해중심', exportorientált'수출중심', versenyorientált'경쟁중심'

3) 외래어 합성성분

bébiszitter'아기돌보기'	bébi'baby' + szitter
dédiszitter'노인돌보기'	dédi'daddy' + szitter
gerillakertészet '비폭력 시민단체의 공적 공간 가꾸기'	gerilla'게릴라' + kertészet'농원'
szájkaratézik'말싸움하다'	száj'입' + karatézik'가라테하다'

tetoválószalon'문신가게'	tetováló'문신하는' + szalon'살롱'
habszódia:'가벼운 소설'	habkönnyű'거품(처럼) 가벼운' + rapszódia'광시곡'

인터넷 용어

adatok'자료, 데이터'
adatbázis'데이터베이스'
adatbevitel'자료받기'
adattárolás'자료저장'
alaplap'메인보드'
Alt billentyű'알트 키'
asztal'바탕화면'
asztali háttér'바탕화면 배경'
beállítások'설정'
bejelentkezés'로그인'
beszúrás'붙이기'
betű'글자, font'
bezárás'끝내기'
billentyűzet'키보드, 자판'
böngésző'브라우저'
egér'마우스, mouse'
elektronikus könyv'전자책, e-book'
e-mail'이메일, 전자메일'
Enter billentyű'엔터 키'
Escape billentyű'나가기 키'
fájl'파일, file'
fájlnév'파일명, filename'
formátum'파일형식'
feltöltés'업로드'
frissítés'업데이트'
futtatás'실행' run
hálózat'네트워크' network
hangszóró'스피커'
hardver'하드웨어, hardware'
hiperhivatkozás'하이퍼링크'
honlap'홈페이지'
honlapcím'홈페이지 주소'
ID, felhasználónév'아이디'
index'인덱스'
indítás'시작 start'
internet'인터넷'
IP-cím'IP 주소'
játék'게임'
játéklemez'게임시디'
játékprogram'게임프로그램'

jelszó'비밀번호'
karakter'글꼴'
kábel'케이블 cable'
kép'그림'
képernyő'화면'
képfeldolgozás'그리기마당'
keresés'찾기'
keresőmotor'검색엔진'
kijelentkezés'로그아웃'
kijelölés'표시'
kilépes'나가기, exit'
kivágás'오려두기, cut'
kódolás'부호화'
kompatibilis'호환성'
konfiguráció'설정'
könyvtár'사전'
kurzor'커서' cursor
leltöltés'다운로드'
lézernyomtató'레이저프린터'
margó'여백'
másolás'복사하기, copy'
meghajtó'드라이버'
megnyitás'열기, open'
mégse'취소'
memória'메모리'
menü'메뉴'
mentés'저장하기, save'
monitor'모니터'
nézet'미리 보기, view'
nyomtatás'인쇄하기, print'
nyomtató'프린터'
oldal'페이지, page'
operációs rendszer'운영체계'
OS(=Operating System)
parancs'명령어'
parancsikon'바로가기'
PC, személyi számítógép'개인용 컴퓨터'
portál'포털 portal'
processzor'프로세서'
program'프로그램'
stílus'스타일, style'
súgó'도움말'
szalaghirdetés'배너광고'
számítógépvírus'컴퓨터바이러스'
szerkesztés'편집하기, edit'
szkenner'스캐너, scanner'
szoftver'소프트웨어, software'
szóköz'스페이스 바, space bar'
szövegszerkesztő'워드프로세서, word processor'
táblázat'도표, table'
telepítés'설치, install'
törlés'삭제, delete'
USB kulcs'USB 메모리'
vezérlőpult'제어판'
visszavonás'돌아가기, undo'
winchester'하드디스크'

참고문헌

박수영 (1998), 헝가리어에 대한 독일어의 영향. 게르만 문학. 61-93쪽.

(2002), 근대 헝가리 언어개혁과 신조어. 언어와 언어학 제 26호. 1-30쪽.

(2003), 헝가리- History of Hungarian Lexicography and Hungarian Korean dictionary, 동유럽 연구 제 13권 1호. 131-153쪽.

(2007), 헝가리어 정서법 역사에 대한 연구. 중동유럽학 제 19권-1호. 3-24쪽.

(2002, 2012), 헝가리어 문법연구. 한국외국어대학교 출판부. 서울.

송철의 (1992), 국어 파생어 형성 연구. 태학사. 서울.

(2008), 척도명사 파생과 언어보편성의 한 측면. 한국어 형태음운론적 연구 293-315. 태학사. 서울.

Balassa József(1995), *A magyar nyelvújtás antológiája.* Budapest.

Balázs, Géza(1999), A magyar nyelvművelés állapota. *Magyar Nyelvőr.* 123. 9-26.

Bárczi, Géza(1975[3]), *A magyar nyelv életrajza*. Budapest.

(1975), A magyar nyelv jelleme. *Magyar Nyelv* 71. 251-268.

Bárczi, Géza-Benkő, Loránd-Berrár, Jolán(1967), *A magyar nyelv története*. Budapest.

Bárdosi,Vilmos-Csobothné Hegedűs, Mária(2012), *Szólások és közmondások*. Budapest.

Bartos, Huba(2000), *A mai magyar nyelv leírás újabb módszerei*. Budapest.

Bellér, Béla(1981), *A magyarországi németek rövid története*. Budapest.

Benkő, Loránd- Samu, Imre(ed.1972), *The Hungarian Language*. Budapest.

Bokor, József(2001), Szókészlettan. A. Jászó Anna (ed.), *A magyar nyelv könyve*. Budapest.

Crystal, David(1998), *A nyelv enciklopédiája*. Budapest.

Deme, László(1999), Anyanyelvi mozgalmak és morális hozamuk. *Magyar Nyelvőr* 123. 1-8.

Dóka, Péter(1975), Szintaktikailag pontosan nem elemezhető alárendelt összetett szavaink kérdéséhez. *Magyar Nyelv* 71. 325-331.

Erben, J.(1975), *Einführung in die deutsche Wortbildungslehre*. Berlin.

Falk, Nóra(2009), *Etimológiák*. Budapest.

Fodor, István(1997), Nyelvújítás régen és ma - Európában és a harmadik világban. *Magyar Nyelvőr* 121. 257-265.

Forgács, Róbert(1993), A magyar nyelv ügye a nyelvújítás korától az 1844-es nyelvtörvényig. *Magyar Nyelvőr* 117. 4-14.

Gergely, András(1991), *Magyarország története*. Budapest.

Gerstner, Károly(1991), A német jövevényszavak vizsgálata a TESz. megjelenése óta.

(2003), A magyar nyelv szókészlete, Kiefer Ferenc(ed.), *A magyar nyelv kézikönyve*. Budapest.

Grétsy, László–Kovalovszky, Miklós(ed.1980), *Nyelvművelő kézikönyv*. Budapest.

Hobsbawm, E. J.(1990), *Nationen und Nationalismus.* München(1996 독일어판).

Honti, László(2012), *Anyanyelvünk atyafiságáról és a nyelvrokonság ismérveiről.* Budapest.

(2013), Magyar nyelvtörténeti tanulmányok. Budapest.

Jászó, Anna.(2001), *A magyar nyelv könyve.* Budapest.

Kálmán, László(2001), *Magyar leíró nyelvtan mondattan I.* Budapest.

Kazinczy, Ferenc(1819), Ortológus és neológus nálunk és más nemzeteknél. Bóka, L.외(ed.1960), *Válogatott művei.* Budapest.

Készler, Borbála(2000), A szóalkotás módjai. *Magyar grammatika.* Budapest.

Kiefer, Ferenc(2000), *Strukturális magyar nyelvtan 3. Morfológia.* Budapest.

É. Kiss, Katalin(2004), *Anyanyelvünk állapotáról.* Budapest.

É. Kiss, Katalin-Kiefer, Ferenc-Siptár, Péter(1999), *Új magyar nyelvtan.* Budapest.

Kiss. Gábor-Pusztai, Ferenc(2000), *Új szavak, új jelentések 1997-ből.* Budapest. Tinta Kiadó.

Kiss, Jenő(1991), *A magyar nyelv.* Budapest.

Kiss, Jenő - Pusztai, Ferenc(ed. 2003), *Magyar Nyelvtörténet.* Budapest, Osiris Kiadó.

Kiss, J.–Szűts, L.(ed.) *Tanulmányok a magyar nyelvtudomány történetének témaköréből.* Budapest.

Kochmáros, Valéra(1988), Igenevek a hivatali nyelvhasználatban, Kiss, J.(ed.1988), *A magyar nyelv rétegződése.* 591-604.

Kósa, László(1991), *Hungarológia - Magyarságtudomány - Országismeret.* Budapest.

Laczkó, Tibor(1995), *The Syntax of Hungarian Noun Phrases - A Lexical-Functional Approach. Metalinguistica 2.* Frankfurt am Main

Lang, Peter(2000), A melléknévi és határozói igenévképzők. Kiefer, Ferenc(ed. 2000), *Strukturális magyar nyelvtan.* 409-452. Budapest.

Lengyel, Klára(1989), Határozói igeneveink szófajváltásáról, Rácz. E.(ed. 1989), *Fejezetek a magyar leíró nyelvtan köréből.* 181-218.

Lotz, János(1939), *Das ungarische Sprachsystem.* Stockholm.

Loványi, Gyula(1953), Nyelvművelés - A szócsinálás. *Magyar Nyelv* 49. 203-206.

Mátai, Mária(2002), A névutók és a melléknevek története. *Magyar Nyelvőr.* 72-87.

(2006), A szófajtörténet történeti problématikája, *Magyar Nyelvőr.* 495-509.

Mikó, Pálné(1991), A magyar nyelvtudomány fejlődése a 18-19. század fordulóján. Kiss, J.-Szűts, L.(ed.) *Tanulmányok a magyar nyelvtudomány történetének témaköréből.* 475-480.

Minya, Károly(2011), *Változó szókincsünk*, Budapest.

(2014), Új szavak II. Budapest.

Mollay, Károly(1982), *Német-magyar nyelvi érintkezések a 16. század végéig.* Budapest.

Német, László(1939), Kisebbségben. *Sorskérdések.* 408-448. Budapest.

Ostler, Nicholas(2005), *Empires of the words.* New York.

Papp, L.(1984), Tükörszók a magyarban. *Magyar Nyelv* 80. 48-59.

Pásztor, Emil(1991), Kazinczy Ferenc és a magyar helyesírás. Kiss, J./Szũts, L.(ed.) *Tanulmányok a magyar nyelvtudomány történetének témaköréből.* 520-524.

Rácz, E.- Szathmári I.(ed. 1980), *Szókészlettana és jelentéstana.* Budapest.

Rot, Sándor (1991), A magyar nyelv hatása a kárpáti nyelvi areában működő nyelvekre és nyelvjárásokra és a plurilingvizmus kérdései. *Magyar Nyelv*(1991). 50-59.

Ruzsiczky, Éva(1991), A bibliai idiómák fordítását illetõ nézetek és a szókészlet fejlődése. Kiss, J.-Szűts, L.(ed.) *Tanulmányok a magyar nyelvtudomány történetének témaköréből*. 572-578.

Sándor, Klára(2014), *A székely irás nyomában*. Typotex.

Simonyi, Zsigmond(1907), *Die ungarische Sprache*. Strassburg.

Solyom, Réka(2014) *A mai magyar neologizmusok szemantikája*. Budapest.

Somogyi, Magda(1984), A nyelvújtási képzések és a mai magyar nyelv szóképzési rendszere. *Magyar Nyelv* 80. 305-313쪽.

Spencer, Andrew(1991), *Morphological Theory. An Introduction to Word Structure in Generative Grammar*. Oxford.

Szende, A.(1994), *A magyar nyelv tankönyve*. Budapest.

Szűcs, Jenő(1984), *Nemzet és történelem*. Budapest.

Szűts, László(1993), Az idegen szók használata és megítélése a századfordulón. *Magyar Nyelvőr*. 132-144.

Tolcsvai Nagy, Gábor(1995), A magyar nyelvújítás. *Emlékkönyv Szathmári István hetvenedik születésnapjára*. 370-377. Budapest.

Tolnai, Vilmos(1924), Halhatatlan magyar nyelv. *Magyar Nyelv* 20. 50-59.

(1929), *A nyelvújítás*. Budapest.

Varga, Géza(2006), *A finnugor elmélet alkonya*. Budapest. Farkas Lórinc Imre Könyvkiadó.

Velcsov, Mártonné(1968), "Alaktan". Endre Rácz (ed.) *A mai magyar nyelv*. 85-204. Budapest.

Zsemlyei, János(1996), *A mai magyar nyelv szókészlete és szótárai*. Kolozsvár.

어휘 분석에 참고한 사전

박수영, 이상협(2000, 2005), 헝가리어-한국어 사전. 한국외국어대학교 출판부. 서울

박수영 외(2012), 한국어-헝가리어 사전. 한국외국어대학교 출판부. 서울

Benkő, Loránd(ed. 1993-1997), *Etymologisches Wörterbuch des Ungarischen 1-3*. Budapest. Akadémiai Kiadó.

Grétsy László/ Kemény Gábor(ed. 1996) *Nyelvművelтető kéziszotár*. Budapest.

Papp, Ferenc(ed.1994), *A magyar nyelv szóvégmutató szótára*. Budapest.

Juhász, József et al.(ed.1987), *Magyar Értelmező Kéziszótár I-II*. Budapest.

(ed.1976), *A magyar nyelv történeti-etimológiai szótára I-III*. Budapest.

Rédei, Károly(ed. 1986-1988), *Uralisches Etymologisches Wörterbuch 1-2*. Budapest. Akadémiai Kiadó.

Internetes források

http:// www.nytud.hu/

헝가리어 파생접사 찾아보기

A

-a 147

-A: -a/-e 156

-Ad: -ad/-ed 104

-AdAl: -adal/-edel 135

-Ag: -ag/-eg 156

-Aj: -aj/-ej 134

-Ajt: -ajt/-ejt 110

-Al: -al/-el 110

-Ál: -ál/-él 101

-AlOm: -alom/-elem 133

-Ály: -ály/-ély 141

-Amlik: -amlik/-emlik/-ámlik 103

-An: -an/-en 101

-AndÓ: -andó/-endő 159

-Ánk: -ánk/-énk 156

-Ant: -ant/-ent 103

-Ány 141

-Ár: -ár/-ér 144

-Ás: -ás/-és 130

-Asz: -asz/-esz 141

-Ász: -ász/-ész 151

-Ász(ik): -ász(ik)/-ész(ik) 96

-Ászik: -ászik/-észik 128

-Aszt: -aszt/-eszt 108

-AtAg: -atag/-eteg 155

-At: -at/-et 135

-(A)tlAn: -(a)tlan/-(e)tlen, -tAlAn: -talan/-telen 165

B

-beli 164

C

-ca 147

-ci 147

-cs 140

-csA: -csa/-cse 147

-csÁl: -csál/-csél 101
-csi 147
-cskA: -cska/-cske (-acska/-ocska/-ecske/-öcske) 146

D
-dÁcsOl: -dácsol/-décsel 101
-dA: -da/-de(-oda/-öde) 143
-dAd: -dad/-ded 170
-dAl: -dal/-del(-dál) 100
-dAlOm: -dalom/-delem(-odalom/-adalom/-edelem) 133
-dék(-adék/-edék) 139
-dít 106
-dOgÁl: -dogál/-degél/-dögél 100
-dOkOl(ik): -dokol/-dekel/-dököl/-doklik/-döklik 100
-dOs: -dos/-des/-dös 99
-dOzik: -dozik/-dezik/-dözik 99
-dUl: -dul/-dül 105

E
-ed 170
-ék 138, 150
-ékOny: -ékony/-ékeny 155

F
-fajta 174
-féle 173
-fikál 129

G
-g 93
-gÁl: -gál/-gél(-igál) 98
-gAt: -gat/-get(-ogat, -eget, -öget) 91

H
-hAtAtlAn: -hatatlan/-hetetlen 167
-hAt: -hat/-het 116
-hAtÓ: -ható/-hető 158

I
-i 145, 156
-int 102
-íroz 129
-is 147
-i (-si) 163
-ista 153
-ít 103, 109
-it: -sit 124
-izá 129
-izmus 153

J

-(j)Ú: -ú/-ű, -jú/-jű 162

K

-kA: -ka/-ke 146
-kÁl: -kál/-kél(-ókál/-ikál/-ikél) 98
-kÁs: -kás/-kés 170
-kes 170
-kó 147
-kOdik: -kodik/-kedik/-ködik, -kódik/-kődik 114
-kOdik: -kodik/-kedik/-ködik, -lkodik/-lkedik/-lködik, -skodik/-skedik/-sködik 126
-kOd: -kod/-ked/-köd 97
-kOl: -kol/-kel/-köl(-akol, -ákol, -ékol, -ikol) 97
-kos 101
-kOzik: -kozik/-kezik/-közik 127
-kOzik: -kozik/-kezik/-közik, -kózik/-kőzik 115

L

-lagos/-leges 173
-lAl: -lal/-lel 110
-l: -al/-ol/-el/-öl 121
-lat/-let 152
-lék(-alék/-elék) 139
-lkodik/-lkedik/-lködik, -skodik/-skedik/-sködik 126
-ll(ik): -l(ik) 122

M

-mÁny: -mány/-mény (-omány/-emény) 136
-más 140

N

-né 150
-nemű 153
-ny 141
-nyi 165

O

-Odik: -odik/-edik/-ödik 105, 127
-Ódik: -ódik/-ődik 112
-ÓkA: -óka/-őke 141
-Ók: -ók/-ők 147
-Ol: -ol/-el/-öl 98
-Onc: -onc/-enc/-önc 152
-Ong: -ong/-eng/-öng(-ang, -ing) 92
-Ó: -ó/-ő 142, 146, 157
-Ós: -ós/-ős 154
-Oz(ik): -oz(ik)/-ez(ik)/-öz(ik) 96

-Ózik: -ózik/-őzik, -ódzik/-ődzik, -ozik/-ezik/-özik 113

S

-ságos/-séges 172
-sÁg: ság/-ség(-aság/-eség) 133
-sÁg: -ság/-ség (-aság/-eség/-asság/-esség) 148
-s (-as/-os/-es/-ös) 149
-sdi 152
-(s)ias/-(s)ies 173
-sÓ: -só/-ső 165
-szerű 174
-szori/-szeri/-szöri 172
-szoros/-szeres/-szörös 172

T

-t 109
-tAl: -tal/-tel 135
-(t)At: at/-et, -tat/-tet 106
-(t)Atik: -atik/-etik, -tatik/-tetik 111
-ték 140
-t/-tt(-ott/-ett/-ött) 159
-tyÚ: -tyú/-tyű (-attyú/-ettyű) 140

U

-u 147
-Ul: -ul/-ül 116, 128
-us 147

V

-vÁny: -vány/-vény (-ovány/-evény) 137
-Vd(-ad/-od/-ed/-öd) 174
-Vdik(-adik/-odik/-edik/-ödik) 175
-(V)s 170, 171
-(V)s: -s/-as/-os/-es/-ös 160

Z

-z 120
-zAt: -zat/-zet 151
-zik 118

헝가리어
어휘와 조어법
HUNGARIAN

헝가리어
어휘와 조어법

초판 인쇄 2016년 8월 25일
초판 발행 2016년 8월 31일

지은이 박수영
발행인 김인철
총괄 · 기획 장지호 Director, University Press
편집장 신선호 Executive Knowledge Contents Creator
도서편집 김민정 Contents Creator
진수연 Contents Creator
전자책편집 최인우 Chief e-Contents Creator
마케팅 곽용창 Chief Marketing Creator
재무관리 김은혜 Managing Creator
발행처 한국외국어대학교 지식출판원
02450 서울특별시 동대문구 이문로 107
전화 02)2173-2493~7
팩스 02)2173-3363
홈페이지 http://press.hufs.ac.kr
전자우편 press@hufs.ac.kr
출판등록 제6-6호(1969. 4. 30)
디자인 · 편집 디자인퍼브 02)2254-4308
인쇄 · 제본 네오프린텍(주) 02)718-3111

ISBN 979-11-5901-116-0 13730 정가 18,000원

*잘못된 책은 교환하여 드립니다.

HU:NE은 한국외국어대학교 지식출판원의 어학도서, 사회과학도서, 지역학 도서 Sub Brand이다. 한국외대의 영문명인 HUFS, 현명한 국제전문가 양성(International +Intelligent)의 의미를 담고 있으며, 휴인(携引)의 뜻인 '이끌다, 끌고 나가다'라는 의미처럼 출판계를 이끄는 리더로서, 혁신의 이미지를 담고 있다.